부동산 투자와 인문학

인쇄 | 2020년 12월 3일
발행 | 2020년 12월 5일
저자 | 여의도 김박사
발행인 | 김상일
발행처 | 혜성출판사
발행처 주소 | 서울시 동대문구 신설동 114-91 삼우 B/D A동 205호
전화 | 02)2233-4468 FAX | 02)2253-6316
표지·본문디자인 | 오영아
등록번호 | 제6-0648호
E-mail : hyesungbook@live.co.kr
블로그 http://blog.naver.com/daniel907
유튜브 https://www.youtube.com/channel/UCKUmr9VqcNYAVJ4Flyy8jyQ

정가 20,000원

ISBN 979-11-86345-45-0 (03320)

＊ 이 책의 무단복제 또는 무단전재는 법으로 금지되어 있습니다.

부동산 투자와 인문학

| 여의도 김박사 지음 |

혜성출판사

서론

저의 7번째 책이기도 하고 마지막 저서일 것이라는 생각이 듭니다.

기독교에서 7이라는 숫자는 완전한 숫자라고 합니다. 그래서도 6권의 책에 마지막으로 이 책을 집필하고자 합니다.

"나는 디벨로퍼다",

"가난한 자의 주머니를 채워라",

"부동산 금융 핸드북",

"부동산 알쓸신잡",

"2025 부동산금융의 미래"

"청년 임대주택"

제가 집필한 모든 책마다 다 이유가 있지만 정말로 쓰고 싶은 책이 지금의 인문학이 접목된 부동산에 관한 책입니다.

인문학은 사람 人 글월 文으로 사람을 그리는 학문이라고 합니다.

즉, 사람의 내면적인 부분을 연구하고 묘사하는 학문이라는 것이지요.

부동산에 투자하거나, 부동산 시행업을 하는 많은 사람들의 성향, 성격, 내면적인 모습을 이해하는 것이 부동산에 대한 투자, 시행, 사업에 도움이 된다고 생각이 되어 이 책을 집필하게 되었습니다.

이 책에 언급되는 심리학, 인문학, 철학, 경제학을 바탕으로 올바른 부동산 사업과 투자에 도움이 되기를 기원합니다.

그리고 이 책을 태어날 벅찬 감동과 행복을 준 축복이를 위해.

차례

서론 4

chapter 1 부동산과 인문학

1. 인간의 뇌 12
2. 유전학 15
3. 먹기 위해 사는가? 아니면 살기 위해 먹는가? 22
4. 동의보감 24
5. 자기만의 브랜드 28
6. 실패는 원인을 밖에서 찾고 승자는 원인을 안에서 찾는다 33
7. 비운다는 것 35
8. 진화생물학 37
9. 살아 남는자, 강한자 40
10. 변화하는 인간 43
11. 부동산 시행업의 논공행상 47
12. 사람들은 왜 돈을 토지로 바꾸려 할까 51

13. 인센티브와 성과급제도 54

14. 바보중의 바보 57

15. 기버, 테이커 메쳐 59

16. 투자, 낭비, 소비의 차이 63

17. 아파트는 화폐다 65

18. 파킨슨 법칙 68

19. 부동산 투기와 투자의 차이 72

20. 스타트업 실패할 권리 78

21. 협상 81

22. 통찰력 89

23. 아인슈타인의 명언 93

24. 강남 집값과 심리학 95

25. 워크홀릭과 휴식 98

26. 멘토의 조건 101

27. 다른 것과, 틀린 것 103

28. 셀카와 인문학 105

29. 죽을 때 가장 후회하는 것 107

30. 반지, 면사포, 들러리의 유래 109

31. 1만 시간의 법칙 111

32. 부동산과 게임이론 114

33. 은하철도 999 121

34. 부동산과 소유효과 125

35. 인간의 욕구 129

36. 부동산에서의 심리학 133

37. 판단 오류의 늪 **139**

38. 부동산 시행업과 기대이론 **144**

39. 유능해지기 **150**

40. 우마드 **154**

41. 인간 감정 발달사 **158**

42. 진화심리학 1탄 **163**

43. 진화심리학 2탄 **166**

44. 진화심리학 3탄 **170**

2 chapter 따뜻한 사회학

45. 한국의 보수와 미국의 보수 **174**

46. 신호와 소음 **177**

47. 맥락 저널리즘 **181**

48. 호모 갑질 리우스 **183**

49. 갑질 문화와 한국사회 **186**

50. 집단주의와 개인주의 **190**

51. 정부와 경제 그리고 시민단체 **193**

52. 부의 세습과 서울대 **195**

53. 협동과 경쟁의 교육 **198**

54. 사토리 세대와 한국의 젊은 이들 **200**

55. 루머, 뜬소문, 가짜 뉴스 **203**

56. 영어 못하는 선진국 일본 **206**

57. 기성세대 **210**

58. 직업 **214**

59. 노블리스 오블리주 **219**

60. 발렌벨리가의 신화 **222**

61. 눈 가린 디케 **224**

62. 마우스랜드 **227**

63. 걸리버 여행기 **233**

64. 바로 알아야 하는 것들 **237**

65. 강한 울림의 메시지와 데이터 홍수 **246**

66. LIVING IS BUYING **252**

67. 핑크 펭귄 **256**

68. 리더와 보스 **266**

69. 위대한 개츠비 곡선과 개천, 그리고 용 **270**

70. 금수저 흙수저 **273**

71. 중국 스타트업 **276**

72. 우뇌와 좌뇌 **280**

73. 우리는 차별을 원한다 **284**

chapter 3 공생 공존의 경제학

74. 보살핌의 경제학 **288**

75. 조지 소로스 **291**

76. 피드백 (피터 트러커) **295**

77. 유대인의 성인식 298

78. 유대인과 금융 301

79. 최초의 금융가문 메디치가 305

80. 4차 산업혁명과 일자리 그리고 교육 310

81. 고장 난 자본주의 314

82. 스토리 텔링 318

83. 따뜻한 경제학 321

84. 비교 우위 이론 324

85. 동인당 이야기 327

86. 확률 331

87. 부자 아빠 334

88. 전문직의 마케팅 337

89. 니즈와 원츠 343

90. 매몰비용 347

91. "9"의 비밀 351

92. 블랙스완 354

93. 신경 행동 경제학 358

94. 신뢰와 신용의 차이 361

95. 현대인의 직업 363

96. 이삭 줍는 여인들 (사회적 가치) 367

97. 가치주의 372

98. 에덴동산과 가치주의 381

99. 협동조합 390

100. 마이크로 파이낸스 397

chapter 1

부동산과 인문학

1.
인간의 뇌

인간의 뇌는
① 파충류의 뇌(뇌간)
② 포유류의 뇌(변연계)
③ 인간의 뇌(대뇌피질)
로 발달했다고 합니다.

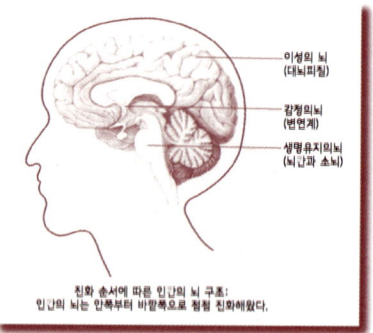

결국 오늘날의 인간은 대뇌피질이 만들었고, 이성적인 판단은 좌뇌가 감정적인 판단은 우뇌가 하여 학문과 예술을 발달시키게 된 원동력이라고 합니다.

하지만 변연계 속에 들어 있는 인간의 본성은 변하지 않는 다고들 하지요.

그래서 심리학 용어인

① 휴리스틱(Heuristic) : 긍정적으로 생각하려는 성향과

② 바이어스(Bias) : 그로 인한 잘못된 결정

도 설명이 되고,

인간이

① 파워에지 : 경쟁본능(남성)

② 리딩에지 : 새로운 것에 대한 호기심 (도구)

③ 리스크에지 : 위기회피에 대한 본능 (여성)

세가지 본능을 가지고 있다는 것도 설명이 됩니다.

부동산 시행업을 하는 사람들은 파워에지의 성향이 강하고 휴리스틱 성향이 강하다고 합니다.

즉, 경쟁심리가 강하고 자기확신이 커서 무조건 긍정적인 면만 바라보고 사업을 진행한다는 것입니다.

그에 비해 금융인들은 리스크에지가 강해서 위기에 대한 본능이 발달해 위험회피 성향이 강하다는 것입니다.

스타트업을 지향하는 사람들은 리딩에지가 강해서 새로운 것에 대한 끊임

없는 호기심이 강하다고 하지요.

경제학에서 말하는 시장이라는 것은 결국 개 개인의 심리가 어떠하냐 하는 것을 표현하는 것입니다.

미국이 금리를 인상했을 때, 사람들이 어떤 심리로 판단을 하고 행동을 하느냐를, 시장이 어떻게 반응하느냐 하는 말로 표현을 합니다.

주식시장, 채권시장, 환율시장, 원자재시장 등은 결국 참여자의 어떤 상황에 대한 심리상태를 말하고 그에 대한 대응 태도를 말하는 것입니다.

시장의 참여자들이 극도의 불안심리를 보여 투매가 일어나는 것을 공황이라고 하고, 참여자들이 묻지마 투자의 휴리스틱과 바이어스의 태도를 보이는 시장을 버블이라고 합니다.

이런 이유로 경제학이 결국은 심리학이라고 부르는 것이지요.

2.
유전학

찰스 다윈이 말하는 종의 기원에서 유전학의 핵심은 바로 자연도태 설입니다. 자연에 적응하는 종만이 살아남아 자식에게 그 유전자를 전할 수 있고, 해당 종만이 번성한다는 것이지요.

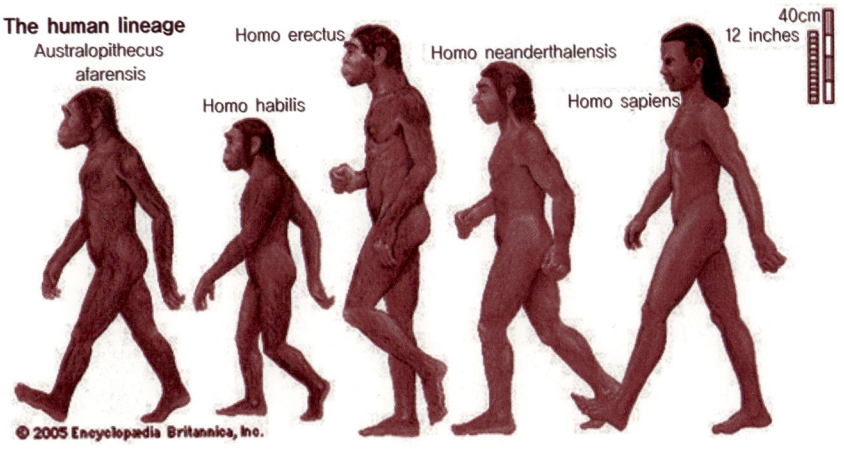

위의 그림은 인간이 진화하는 모습입니다.

학설마다 조금씩 다르지만 대체로 뇌의 용량으로 구분합니다.

오스트탈로피테쿠스

300만년전 동아프리카 지구대인 세렝게티 고원에서 서식한 종족입니다.

뇌의 용량은 약 400cc였습니다.

호모 에렉투스

180만년전 처음으로 인간의 특징을 갖는 종족이 폭발적으로 증가했습니다.

뇌의 용량은 약 800cc로 두 배가 증가했고, 이때부터 불을 사용했지요.

호모 하이텔베르긴시스

80만년전 언어를 사용하기 시작했다고 추정되는 종족이지요.

뇌의 용량이 1200cc로 증가했지요.

오모2 (호모사피엔스, 네안데르탈인)

20-40만년전에 나타났고, 네안데르탈인이 먼저 나타나고 호모사피엔스가 나중에 나타났지요.

뇌의 용량은 1400~1500cc로 현대 인류와 거의 같습니다.

그리고 4만년전, 구석시 시대, 1만년전 신석기 시대를 거쳐 5천년전 메소포타미아에서 처음으로 문명이 발생 되었습니다.

학자마다 이견이 있지만 대체로 위와 같은 것이 정설로 받아 들여집니다.

그런데 300만➔180만년➔80만년➔20~40만년으로 거의 40만년을 주기로 인간의 뇌가 증가했다는 것입니다.

여기에는 다음과 같은 학설이 학계에서 정설로 받아들여지고 있습니다.

태양계에서 지구의 공전주기, 즉 태양을 도는 궤도가 목성과 토성의 영향으로 40만년에 한번씩 커졌다가 작아졌다가를 반복한다고 합니다.

이런 공전궤도의 변화는 지구의 환경을 변화시켜, 동아프리카 지구대는 홍수와 가뭄이 극심하게 번갈아 나타났다고 합니다.

그런 극심한 기후변화를 견뎌낸 종만이 살아남아 자손을 번식시켰고 그렇지 못한 종족은 멸종되었다는 것이지요.

즉, 똑똑한 종만이 살아남았다는 것입니다.

그래서 인간의 뇌가 40만년마다 커지게 되었다는 것입니다.

그리고 또 한가지 학설 뇌의 부피가 180만년이후 커지는 속도가 빨라진 이유는 불의 사용 때문이라고 합니다.

불의 사용으로 인간은 음식을 굽거나, 삶아 먹을 수 있게 되었고, 이는 내장의 소화를 쉽게 해주어, 인간의 몸에 있는 에너지를 뇌로 집중할 수 있게 도와 주었다는 것이지요.

즉, 인간의 뇌가 인간의 에너지 소비를 가장 많이 하는 곳인데, 뇌의 에너지 소비를 집중화 할 수 있게 해준 것이 불의 사용이었고, 에너지의 효율로 뇌의 발달이 훨씬 빨라졌다는 것입니다.

그리고 5천년이후 오늘날에 이르기 까지 또 한번 급격히 사회가 발달한 이유는 농경에 있지요.

그전에는 수렵이던, 사냥이던 하루 사냥해서 하루 먹고 살아야 했기에 매일 인간은 바쁘게 살았습니다.

먹이를 찾아서 매일 남자들은 바쁘게 움직여야 했지요.

그런데 농경사회가 되면서 인간은 곡물을 저장할 수 있었고, 쉬는 시간과 여가시간이 생기기 시작했지요.

이렇게 먹는 것에 온 시간을 소비하던 인간이 쉬는 시간이 생기자 문학, 예술 등이 발달했고, 처음으로 문자가 생겼으며, 문명이 발달하기 시작했지요.

그리고 문자가 생겨서 (메소포타미아의 쐐기문자➔이집트의 상형문자➔ 그리고 알파벳) 인간은 기록과 소통을 할 수 있게 되면서 급속도로 발전하기 시작했습니다.

이 때부터 발전의 속도는 기하급수적으로 빨라지기 시작했습니다.

지구가 탄생한 것은 약 45억년전, 처음으로 생명체가 탄생한 것은 5억년전, 그리고 공룡이 운석 충돌로 멸망한 것은 6500만년전, 그리고 포유류의 시대에서 인간다운 인간이 등장한 것은 고작 200만년전, 그리고 현생 인류가 탄생한 것은 20만년전입니다. 우주가 빅뱅으로 탄생한 138억년에 비하면 정말 짧은 기간입니다.

이 짧은 인간의 역사 속에서 고고학자들의 발견에 의하면 인류의 절반이 인간에 의해 살육당했다고 합니다.

원시인 때는 사냥감을 가지고 경쟁하기 위하여 최근 20만년전에는 호모사피엔스가 네안데르탈인을 멸족시켰고, 이후, 농경사회에서는 끊임없는 농토를 확보하기 위하여 전쟁을 일으켰지요.

최근 세계 1, 2차대전에서 사망한 사람은 3천만명이 넘습니다.
그래서 역사학자, 인류학자, 고고학자들은 인간의 본성은 끊임없는 약탈과 잔인한 경쟁의 연속이고 이것을 경제학에서는 인간의 본성은 탐욕에서부터 출발한다고 정의 합니다.

아담 스미스가 빵 가게 주인이 빵을 파는 것은 자비심 때문이 아니라 돈을 벌고자 하는 이기심 때문이라고 이야기 했고, 칼 마르크스는 인간의 본성이 탐욕은 멈출 수 없기에 자본가의 탐욕이 결국 공황을 불러 일으킬 것이라고 주장을 한 것입니다.
인류의 발달사를 보면 이해가 되는 부분이지요.

경제학에서의 시장

아래의 그림은 인간의 미래를 풍자한 그림입니다.
가끔 미래 공상 과학영화에서 우주인인 머리가 크고 몸집은 작은 형태로 나옵니다.

그 이유를 설명하는 그림입니다.

인간이 점점 척추가 줄어들수 밖에 없는 이유를 설명하는 것이지요.

3.
먹기 위해 사는가? 아니면 살기 위해 먹는가?

제가 존경하는 김동호 목사님의 설교 내용 중 일부입니다.
우리는 화장실 숫자를 늘리려고, 집을 사려고, 그 많은 고생을 하면서 돈을 모으고 있습니다.

집이라는 것이 그 안에서 모든 가족이 단란하고 행복하게 살기 위한 공간이고, 그 집에서 가족이 이루는 행복과 교류와 화합 그리고 사랑이 우선되어야 하는데, 언젠가부터 우리는 그 안의 콘텐츠는 잃어버리고, 오직 크고 남들이 부러워하는 공간만을 추구하며 살게 되었습니다.

우리가 돈을 버는 이유가 무엇인지,
우리가 집을 사는 이유가 무엇인지.

정말로 우리가 무엇을 추구하는지 한번쯤은 되돌아 생각을 해보아야 한다고 생각합니다.

사회가 복잡해지고 발전하면서 언젠가부터 우리들은 나의 삶이 아닌 남의 눈에 보여지는 우리의 삶을 위해 살고 있지요.

내가 성공의 기준이 아니라 남의 성공의 기준이 나의 성공의 기준이 되어 있지요.

남들의 성공의 기준이 진실로 나에게 행복을 줄 수 있는지, 한번쯤은 되돌아 생각을 해볼 필요가 있는 듯 합니다.

4.

동의 보감

제가 몸이 아프다 보니 나름 여러 가지 고전 의학서적을 많이 탐독하는 습관도 있었습니다.

그런데 "배운 게 도둑질"이라는 속담처럼 의학서적에서 경제학자의 관점을 버리지 못하는 것 같습니다.

동의보감을 보고 제가 그 안에서 찾은 경제학 논리를 말씀드리고자 합니다.

동의보감에서는 인간은 靈(영)과 體(몸)으로 구성되어 있는데 현실 세계에서는 영보다 몸이 더 중요하다고 말합니다. 이유는 결국 살아있다는 것은 몸이 있어서 생로병사를 겪게 된다는 논리이지요.

즉 몸이 없다면 인간은 살았다고 할 수가 없으므로 결국 몸이 영보다 어떤 의미에서 더욱 중요하다고 생각하는 것입니다.

몸은 동의보감에서 꿈(몽), 목소리(성음), 벌레(충), 배변(대소변)으로 구성되어 있다고 합니다.
꿈은 머리를 뜻하고, 목소리는 외적인 외모 등을 뜻하며, 벌레는 수많은 미생물을, 배변은 대소변 등 배설물을 가리킵니다.

그리고 남성은 8년 생체주기, 여성은 7년 생체주기를 가진다고 하지요.
그래서 2×8 청춘인 16세에 남자는 결혼을 해서 아이를 낳고, 여자는 14세 살(2×7)에 낳아야 가장 건강한 아이가 태어나며, 여성은 7×7=49세에 폐경을 남자는 8×8=64세에 생식능력을 잃는 다고 합니다.

제가 본 동의보감에서의 경제학을 말씀드리지요.

우리는 현재 스마트폰과 인터넷 세상에 살고 있습니다.
역사상 가장 노동을 하지 않아도 되는 세상에 살고 있는 것이지요.
작은 스마트폰으로 손가락만 움직이면 그동안 역사적으로 몸을 움직여서 해야 했던 모든 일들을 할 수 있는 시대에 살고 있습니다.

즉, 몸이 가장 편하고 자유로운, 나태한 시대에 살고 있습니다.

그러면 몸은 나태에 지고 약해지며, 머리는 비대해지는 현상이 발생합니다.

몸이 움직여야 하는 시간에 스마트폰, 인터넷을 통해 끊임없이 자극적인 현실과 이상을 상상하는 일을 하게 되는 것이지요.

동의보감에서 여자는 14살 남자는 16세가 결혼 적령기라고 하지만 현대는 30살이 훌쩍 넘는 결혼적령기를 가지고 있습니다.

이는 머릿속이 비대해져 끊임없이 상상과 현실을 오가고 있기 때문이라고 생각됩니다.

온갖 드라마에 재벌2세가 등장하고 판타지를 자극하는 드라마가 여성들에게 꿈을 만들어 주게 되고 결혼 이상향에 대한 비현실적인 기대를 하게 만들기 때문입니다.

남자는 그런 여성들의 (짝짓기) 환상에 부응하기 위해 끊임없이 집, 좋은 차, 높은 수입을 갈망하게 됩니다.

그래서 그런 것들을 준비하고 기대하기에 결혼적령기는 자꾸 높아져만 가는 듯 합니다.

몸은 움직임이 없고 머리는 극도로 움직이다 보니 그 간극이 점점 더 크게 됩니다.

바로 이 간극이란 머릿속에서 자기에게 기대하는 기대감이 극으로 치닫게 된다는 것이지요.

우리나라 초,중,고 학생들에게 왜 공부를 하느냐고 하면, 지식을 탐구하기 위해서라는 대답은 없고 좋은 대학, 좋은 직장을 가져서 돈을 벌기 위함이라고 하지요.

어쩌면 호모 사피엔스 종족인 우리는 인간 번식을 위해 암컷에게 가장 좋게 보이기 위한 수컷의 발악을 하는 중이라고도 생각이 되는 군요.

그래서 이런 생각의 간극은 한번에 이루려는 허망의 꿈을 만들게 되고 소위 이것이 대박의 꿈을 만들게 됩니다.

어떻게 돈을 벌고, 왜 벌고, 어떻게 쓸 것인가에 대한 고찰이 없이 그냥 무조건 많이 방법은 상관없이 벌려고 하는 것 같습니다.

그러다 보니, 저에게 찾아오는 많은 사람들이 저에게 기대감을 가지고 오게 되지요.

본인들의 대박의 꿈을 이루는데 도움이 될까 해서 말이지요.

5.

자기만의 브랜드

요즈음 따라 유난히 제자들이 저를 많이 찾아옵니다.
본인의 미래에 대한 걱정 때문에 저의 의견을 받고자 오는 것이지요.
이직을 해야 하는지, 다른 직업을 선택해야 하는지, 지금의 위치에서 어떤 목표를 가져야 하는지 등등 여러분도 해당 될 수 있으니 한번 읽어보세요.

[Case1]

시공사에 있다가 증권사로 옮긴 30대 후반의 친구입니다. 그런데 부동산 냉각기가 오면서 회사내의 구조조정이 일어나고, 불안 미래에 안정된 직장으로 이직을 생각하고 있지요.

- comment

① 현재의 직장에 일단 집중하고.

② 타 직장을 알아 보도록, 나도 추천을 해 주겠음.

③ 가장의 책임에 대한 무게로 성급하고 조급한 마음을 가지지 말도록.

④ 지난 10년이 아닌 앞으로 20년을 생각해야 하니, 천천히 1년 정도의 유예 시간을 갖는 것이 중요함.

⑤ 즉, 당장 직장을 찾기보다, 1년의 시간을 벌 수 있는 방법을 선택하고 (현 직장 포함), 시간을 가지고 선택을 하도록.

[Case 2]

외국계 은행에서 LOC 발급을 담당하는 경력 있는 여자입니다.

본인의 특수한 업무 때문에 나이가 있어도 회사에서 생존 할 수 있었고, 의외로 외국 은행의 처우가 열악한 것에 실망한 젊은 후배들이 계속 회사를 퇴사하는 바람에 계속 회사에서 중요한 사람이 되었지요.

하지만 언제까지 지금의 위치를 유지할 지 불안합니다.

- comment

① 본인의 나이가 있다 보니 현재의 직장에 생명력이 2-3년 정도라고 생각함.

② 본인의 특성을 살려, 본인의 고객 회사의 경력직을 알아보도록.

③ 대부분의 고객이 해외 건설을 하는 시공사 또는 해외 수출을 하는 기업

들이고 이들은 반드시 환 헷지, 네고, 보증 처리 업무를 해야 하는 사람이 필요하며, 내가 추천을 해주어도 되지만, 우선은 스스로 한번 찾아보도록.

[Case 3]

자격증을 가지고 특수법인에서 근무한지 2.5년 된 30대 초반 제자입니다.

그런데 자기의 자격증이 점점 경쟁이 치열해지고, AI의 발달로 10년이내에 본인의 자격증이 쓸모 없게 될 듯해서 다른 직종을 찾는 다는 것이었지요. 시공사의 자산운용사로 이직을 고려하고 있었습니다.

– comment

① 우선 3년은 채워야 경력이 인정된다.

② 시공사가 자산운용사를 운용하는 이유는 건물을 사서 PARKING하고 시간이 흘러 개발의 수익이 발생할 시점이 되면 해당 사업지를 개발 건축하려고 그런 사업지를 찾는 것임.

③ 시공사 자산운용사는 건물을 관리하는 것이 아닌 향후 개발할 수 있는 사업지를 찾는 일을 함.

④ 너무 젊으니, 조급하게 자기의 미래를 결정하는 것은 좋지 않음. 35세까지 시간이 있으니, 천천히 주변을 살피고, 경제, 환경 등을 살피면서 현재의 위치에서 경력을 쌓고.

⑤ CCIM, AICPA등의 자격증을 추가로 획득하면 35세에 당신이 갈 곳은 무

척이나 다양해 짐.

여러분들도 이와 비슷한 경험이 있으리라 생각됩니다.
나이, 직업, 라이선스 소유 등이 대부분 저의 제자들 고민이지요.

제가 오늘 저의 제자들에게 다음과 같은 말을 해주고 싶습니다.

우리는 성과, 성공, 연결망 3가지를 알아야 합니다.
성공하기 위해서는 위의 3가지가 필요하지요.

[성과]
성과란 재능/기회/기능을 갈고 닦아서 어떤 기회에 그것을 밖으로 표출하는 것이며, 이는 지극히 개인적이며, 개인의 노력에 따라 성취하고 통제할 수 있는 영역입니다.
열심히 노력해 감정평가사, 회계사, 변호사의 자격증을 획득하고, 그 분야에서 자신의 능력을 인정받는 것이지요.

[성공]
IQ, 재능, 학벌, 자격증 등을 가지고 개인적으로 성과를 이룬다고 해서 성공을 보장하지 않습니다.

성공이라는 것은 반드시 집단적인 현상이므로 집단이 이를 인정해야 하지요. 자본주의에서 돈을 번다는 것은 누군가가 나에게 돈을 지불한다는 것이지요. 따라서 성공은 반드시 집단의 인정이 있어야 합니다. 즉, 성공은 우리가 속한 공동체로부터 얻는 보상인 것이지요.

[연결망]

위에 언급한 것과 같이 성공은 집단적인 현상이므로 우리는 공동체의 연결망이 중요하고 그 연결망에서 보상을 받아야 합니다.

그래서 제가 여러분의 "브랜드"를 만들라는 이야기를 하는 것이지요.

마태 효과 [Mattew Effect]라는 것이 있습니다.

갈수록 심화되고 있는 빈익빈 부익부 현상을 가리키는 용어이지요. 1986년 미국 컬럼비아대 사회학자 로버트 머튼이 마태복음 13장 12절 '무릇 있는 자는 받아 넉넉하게 되고 없는 자는 그 있는 것도 빼앗기리라'라는 구절을 빌려 만든 것입니다.

즉 자기만의 브랜드가 공동체에 뿌리 내리면 공동체가 그 사람에 대한 "우선적 애착"이 생기게 되어 그것이 연쇄반응을 촉발합니다.

여러분, 우선은 성과(재능, 기능)를 가진 사람이 되셔야 합니다.

그리고 성공을 하기 위해서 집단에서 자기만의 브랜드를 만들어야 합니다.

그러면 집단이 여러분에게 보상(성공)을 할 겁니다.

6.
실패는 원인을 밖에서 찾고
승자는 원인을 안에서 찾는다

대나무는 처음 자랄 때 5년 동안은 성장이 거의 일어나지 않는 다고 합니다. 하지만 5년후에는 5주만에 27미터를 자란다고 합니다.

계속 참고 끊임없이 물과 거름을 5년 동안 주지 않았다면 5주만에 갑자기 27미터를 자랄 수 있었을 까요.

여러분들이 하루하루를 열심히 사는 것이 바로 끊임없이 거름과 물을 주는 것입니다.

당장 결과가 나오지 않거나 변화가 생기지 않아도 조급해 하지 마세요.
꾸준히 꿈을 좇아가면 언젠가 오랜 기다림에 지치기 전에 여러분에게 그

열매가 찾아올 겁니다.
   중간에 포기하지 마세요.

"왜 나는 안되는 건지, 왜 나에게만 이런 힘든 시간이 있는지"
불평하지 마세요.
그 말을 들은 사람들중 80%는 신경도 안쓰고 20%는 좋아할 겁니다.

실패를 두려워 마세요 미국의 백만장자 10명중 8명은 실패를 경험했고 월트디즈니는 7번을 파산했으며, 신경쇠약증 환자였다고 합니다.

실패의 원인을 밖에서 찾으면 안됩니다.
승자는 실패의 원인을 안에 찾습니다.

변명거리를 찾으려고 하지 말고 회피하려고 하지 마세요.

도전하고 꿈을 포기하지 않으면 하늘은 기회를 줍니다.

조급해 하지 마세요. 조급증이 여러분을 깎아 먹습니다.

7.
비운다는 것

노자는 말하기를
"학문은 하루하루 쌓아가는 것
도(道)는 하루하루 없애 가는 것"
이라고 했지요.

일본 파나소닉의 전설적인 경영자인 마쓰시타 고노스케가 하루는 지방에 유명한 고승을 찾아갔습니다.
그런데 미리 기다리던 고승인 마쓰시타에게 차를 대접하면서 계속 차를 따라서 찻잔이 넘쳤습니다.

이를 바라보던 마쓰시타는 큰 가르침을 받았다고 하면서 자리를 일어났습니다.

고승이 말하고자 했던 것은 찻잔은 채우려고 존재하는데 이미 가득 찬 찻잔은 찻잔의 역할을 할 수 없다는 것을 가르쳐 준 것이지요.

이렇게 비워야 새로운 것을 채울 수 있고, 가득 차기만 하면 새로운 것을 채울 수 없어 찻잔의 기능을 상실한다는 것이지요.

제가 최근에 과거를 잊고 새로운 것에 적응해야 한다는 말을 자주 했습니다.

또 강한 자가 살아남는 것이 아니라 살아남은 자가 강한 것이고 살아남는다는 것은 변화에 적응한다는 것이다라는 말을 했습니다.

변화에 적응하기 위해 항상 비우고 새로운 것을 받아들이는 것에 게을리하거나 주저해서는 안됩니다.

8.

진화 생물학

인간이 털이 없는 호모사피엔스로 진화한 것에는 적응이라는 단어가 있습니다.

200만년전 호모에렉투스가 출현하면서 그동안 식물의 채집을 통해 번식하던 유인원이 사냥을 하기 시작했습니다.

그런데 밤에는 야수들이 사냥을 했기에 상대적으로 약한 유인원은 낮에 사냥을 해야 했습니다.

따가운 햇볕에서 사냥을 하면서 생존해야 했던, 유인원은 털을 없애고 대신 땀샘이 발달하기 시작했고, 이런 땀이 몸의 열기를 흡수해 낮에 사냥을 도왔다는 것이지요.

펭귄은 기우뚱 기우뚱 하고 걸어 다닙니다.

이유는 위치에너지를 운동에너지로 전환시키는 이러한 행동을 통해 몸의 에너지를 최대한 적게 사용하는 것이라고 합니다.

그리고 이렇게 축적한 에너지를 이용해 추위에 견딜 수 있고, 물속에서 시속 38km의 속도로 잠영을 해서 물고기를 잡으며, 잡은 물고기를 몸속에 저장해 아주 천천히 에너지원으로 사용한다는 것입니다.

앞서 말한 호모에렉투스는 사냥을 하면서 육식을 즐겨먹게 되고, 180만년전 불을 사용하면서 음식을 익혀 먹게 되어, 남은 에너지가 내장에서 머리로 전달되어 뇌의 크기가 급속히 커지면서 호모사피엔스가 탄생하게 되었다는 것입니다.

따라서 진화론자들은 인류의 진화는 진보가 아니라 바로 변화에 대한 적응이라고 말합니다.

제가 이런 말씀을 드린 적이 있습니다.

> 강한자가 살아남는 것이 아니다
> 살아남는 자가 강한 것이다.
> 살아남으려면 변화에 적응 해야 한다.

우리는 기하급수적으로 빠르게 변화되는 시대에 살고 있습니다.
빠르게 변화에 적응하지 못하면 도태되는 시대에 살고 있는 것이지요.

9.

살아남는 자, 강한 자

밴 베일런이라는 학자는 찰스다윈의 진화론에 대하여 추가하여 붉은 여왕 가설이라는 것을 주장했습니다.

"모든 생명은 진화를 하지만 진화의 속도에 차이가 난다. 진화의 속도에 적응하지 못하는 종은 99% 멸종했다"

라는 것이 요지입니다.

우리는 강한 자가 살아남는 다고 합니다.
우리는 똑똑한 자가 살아남는 다고 합니다.
중국의 고서 사마의에서는 살아남는 자가 강한 자라고 합니다.

그런데 현대에서는 강한 자도, 똑똑한 자도, 살아남는 자도 강한 자가 아니라 변화의 속도에 대응해서 변화하는 노력을 하는 자가 강한 자라고 합니다.

제가 직원들과 제자들에게 책을 읽고 보고서를 보고 세상 돌아가는 이야기를 알기 위해 인문학, 사회학에도 관심을 가지라고 이야기 합니다.

그런데 사람들은 자기가 해온 일에만 몰두 하고 그것이 세상의 전부인 것으로 알고 있지요.
마치 지구는 평평해서 가다 보면 낭떠러지라고 생각하는 것과 같습니다.

지난 수천 년간의 발전이 단 100년만에 모든 것이 변화되었고 지난 100년의 세월이 단 10년만에 바뀌었습니다.
그리고 기하급수적으로 세상은 변화의 속도를 높여가고 있습니다.

변화의 속도에 대응하지 못하는 사람은 도태될 수 밖에 없는 세상입니다.

이상한 나라의 엘리스에서 숲속의 붉은 여왕은 계속 뛰고 있습니다.
주변이 계속 변화하고 있기에 뛰지 않으면 숲을 벗어날 수 없습니다.
그런데도 아무리 뛰어도 제자리 이지요.
이유는 주변도 같이 뛰고 변화하고 있기에 단 한걸음도 앞으로 나가지 못하는 것입니다.

젊은 제자 여러분 나이든 세대와 다르게 여러분의 세대는 변화의 속도가 더 빠릅니다.
정말로 붉은 여왕의 손을 잡고 아무리 뛰어도 앞으로 나가지 못합니다.

나만의 변화의 속도에 대응하는 전략이 없으면 결국 주변의 속도에 자기의 속도가 느려져서 점점 더 뒤로 처지게 될 겁니다.

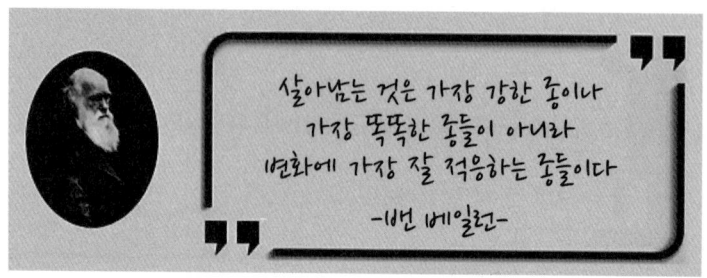

10.

변화하는 인간

> 최후까지 살아남는 사람들은,
> 가장 힘이 센 사람
> 영리한 사람들이 아니라
> 변화에 가장 민감한 사람들이다.
> - 찰스 다윈 -

제 주변에도 많은 사람들이 돈을 벌고 싶어합니다.
그런 사람들에게 제가 항상 해주는 말은 다음과 같습니다

"본인에게 솔직하게 질문해라,
그리고 생각해봐라 나는 왜 돈을 못 벌었을까?"

대부분은 자기에게 운이 없었다거나 본인은 능력이 출중한데 기회가 없었다고 생각합니다.

하지만 이런 것들은 맞지 않습니다.
기회는 누구에게나 동등하고, 자기가 능력이 있다고 생각하지만 객관적으로는 능력이 없는 것이지요.
그렇지 않다면 지금 돈을 못 버는 것은 말이 되지 않지요.

자기자신을 합리화 하고 주위만 탓하는 사람들은 항상 그 모습으로 살아갑니다.

자기가 돈을 벌기 위해 무슨 준비를 해야 하고 준비가 완벽하지 않은 상태에서 돈을 벌 수 없다는 것을 인지하기 시작하는 것이 첫 번째입니다.
변화를 위해 여러 가지 지식을 습득하는 것이 무척이나 중요합니다.

로버트 치알디니의 초전설득이라는 책은 전세계적으로 300만부가 팔린 베스트 셀러입니다

[가격 협상]
컨설팅 비용을 7만5천달러를 청구하고자 하는 업체는 농담으로 사람들에

게 "제가 100만달러를 청구하는 것은 말이 안되겠지요?" 라고 시작하면 고객은 7만5천달러를 제안 받았을 때 싸다는 생각을 합니다.

음식점의 간판에 "백주부 17", "백주부 99"가 있을 경우, 사람들은 백주부 99에서 더 많은 음식값을 지불한다는 보고서가 있습니다.

높은 가격을 제시하면 인간은 본성적으로 그 숫자가 머릿속에 남게 된다고 합니다.

[공포영화]

인간은 위험한 상황에 처하면 집단을 이루어 보호받고 싶어합니다.

반대로 성적 자극이나 연인과의 로맨스를 즐기고 있는 사람은 집단에서 이탈해서 혼자만 즐기기를 원합니다.

한 미술관이 광고를 자기네 미술관은 100만명이 관람을 한다는 광고를 내었습니다.

그리고 100명에게 공포영화를 보여주고 미술관에 가겠냐고 하자 모두 미술관에 가겠다고 답했습니다.

그런데 100명에게 로맨스 영화를 보여주고 미술관에 가겠냐고 하자 10%만 가겠다고 답했습니다.

바로 위의 집단을 이루고자 하는 성향과 혼자만 있고자 하는 성향을 나타내는 것이지요.

[상호성의 원칙]

오사마 빈라덴의 내부 고위직을 심문할 때 미국 군은 이 사람이 단 쿠키를 전혀 먹지 않는다는 것을 알았습니다.

그래서 달지 않은 쿠키를 주었다고 합니다.

그리고 음식 등 대부분을 이 사람에게 맞추어 세심하게 제공했다고 합니다.

그러자 그는 알카에다의 핵심정부를 술술 제공했다고 하지요.

이유는 자기가 쿠키 하나로 존중 받고 있다는 생각이 든 것이지요.

- 의미 있고
- 예상하지 못한 것을
- 맞춤형으로

제공하였을 때 그 효과는 무척이나 큽니다.

이런 선물을 받으면 사람은 빚을 진 마음이 들고 보상을 해야 한다는 마음이 든다고 합니다.

> 설득의 귀재는
> 상대방이 메시지를 접하기 전에
> 미리 그것을 받아들이도록 만든다
>
> -로버트 치알디니-

11.
부동산 시행업의 논공행상

제가 자주 하는 이야기가 있습니다.

탈무드에 나오는 이야기인데,
가나안 지역에 왕국에서 무남독녀 공주가 죽을병에 걸려 내일이면 죽게 되었습니다.
왕은 서둘러 방을 부치고, 공주를 살려주면 나라를 주겠다고 포고를 합니다.
그리고, 왕국에서 말을 타고 열흘쯤 가야 하는 곳에 3형제가 살고 있었지요.

첫째는 천리경을 가지고 있어 먼 곳의 물체를 볼 수 있었고
둘째는 하늘을 나는 양탄자를 가지고 있었습니다.
셋째는 무슨 병이든 고치는 복숭아를 가지고 있었지요.

첫째는 천리경으로 방을 보고 상황을 알자

둘째가 하늘을 나는 양탄자를 이용해서 바로 왕국에 도착해서

셋째가 공주에게 복숭아를 먹이자

공주가 살아났습니다.

이제 누구에게 나라를 주어야 할까요?

1) 첫째는 내가 방을 볼 수 없었으면 우리는 지금 여기에 있지도 않아

2) 둘째는 하늘을 나는 양탄자가 없었으면 제시간에 도착할 수 없었어

3) 셋째는 내 복숭아가 없었으면 공주를 살릴 수 없었어

왕은 셋째에게 나라를 주었습니다.

이유는 다음과 같습니다.

1) 첫째, 둘째는 여전히 천리경과 하늘을 나는 양탄자를 지금도 가지고 있습니다.

2) 하지만 셋째는 지금 복숭아가 손에 없지요.

즉, 셋째는 리스크를 졌지만, 첫째와 둘째는 리스크 없이 기여만 한 것이지요.

부동산에서도 흔히 이와 같은 경우를 자주 보게 됩니다.

- 딜을 소개하면서 지분을 달라고 하면서 내가 소개하지 않았으면 아예 딜은 일어나지 않았어 (첫째)
- 지주 작업을 하는 사람이 터무니없는 소개료를 달라고 하면서 내가 없었으면 토지 계약이 안 되었어 (둘째)

하지만 토지 계약금을 지불하고 계약이 제대로 안 되거나 잔금 지급이 안 되거나, PF가 안되는 경우, 시행사는 빚더미에 올라 앉지만 딜을 소개한 사람이나, 지주작업을 한 사람은 단순히 기대수익이 없어질 뿐이지요.

설계사는 설계비를 받고, 시공사는 공사비를 받고, 분양대행사는 분양대행 수수료를 받습니다.

즉, 리스크가 없는 사람은 적절한 용역수수료를 받으면 되는 것이지요.

최근의 일입니다.

브릿지론을 진행하는데, 문제는 지구단위 계획이었지요.
- 1년이 소요되고 누구도 100% 확신을 할 수 없습니다.
- 대주단은 이런 리스크를 헤징하기 위하여 LTV를 낮추거나, 후순위를 모집하거나, 금융주관사가 EQUITY를 대출하도록 하지요.
- 또는 브릿지론의 특성상, SPC가 1년치 이자를 예치하나, 지구단위 계획이 늦어지는 경우, 또는 안되는 경우를 헤징하기 위해 시공사에게 이자지급보증

을 요구합니다.

　- 즉, 자금력이 있는 시공사가 이자지급보증을 통해 기한이익 상실 우려를 헤징하는 것이지요.

　주위의 모든 사람이 이런저런 이야기를 합니다.
　틀림이 없다, 확실하다, 등등.
　하지만 그들이 갖는 리스크는 전혀 없이 단순히 말뿐이지요.

　제가 예전에 우리나라 한 조선소의 인수사례를 예로 든 적이 있습니다.

　당신에 파산한 조선소를 인수하려고 여러 사모펀드가 경합을 벌였는데, 채권단은 의외의 인물에게 인수를 시켰습니다.
　당시 인수한 회사의 대표는 중견 중공업 업체의 대표를 지낸 분이었는데, 자기 집과, 자기 전 재산 (퇴직금 포함)을 담보로 제공했습니다.
　즉, 자기의 인생을 걸고 리스크를 책임지겠다는 의사표시를 한 것입니다.

　주위에 감 놓아라 대추 놓아라 많은 사람들이 훈수를 두고, 그리고 그 훈수의 대가를 원합니다.
　하지만 대가는 자기 지녀야 하는 리스크에 비례합니다.
　리스크를 지지 않으면서 훈수만 두는 것은 소인배들의 협잡과 같습니다.

12.

사람들은 왜 돈을 토지로 바꾸려 할까

어떤 토지이든, 그 경제적 가치는 사용의 용도에서부터 출발합니다.

주택, 상업시설, 공장 등, 해당 토지의 사용 용도에서 그 토지의 가치가 창출됩니다.

또한 해당 토지의 지리적 특성과 주변 경제적 상황과의 연계성에 의해 그 가치가 달라지지요.

같은 주택 토지라도, 지방과 서울의 토지가격이 다른 이유입니다.

즉, 토지의 가치는 그 주변에서 일어나는 광범위한 경제활동에 근거합니다.

하지만 토지의 가치는 현재의 사용가치에 의해서만 결정되지 않습니다.

토지라는 것은 영속적이고 앞서 언급한 듯이 소멸하지 않기에 지배권이 존재하는 한, 미래에 제공받을 수 있는 경제적 가치를 보장받는 수단으로 여겨졌습니다.

즉, 토지는 식량과 같은 소비재를 생산할 뿐만 아니라, 일종의 자산이고, 토지 값에는 미래의 경제활동에 대한 사람들의 기대가 반영된 것입니다.

자본자산이 시간이 지나면 마모되어 소멸하는 것에 반해 토지는 시간이 가면 오히려 일반적으로 가치가 상승하는 경향이 있는 것입니다.

이런 토지의 가치 경향 때문에 사람들은 자기의 부를 토지로 바꾸려는 경향이 강한 것이지요.

또한 금융업이 변화하면 토지를 담보로 취급하는 것이 대세도 토지 선호 사상을 만들어 냈습니다.

2차 세계대전 이후 20-30년동안 과도한 부동산 거품에 대한 우려 때문에 부동산 담보대출은 극도로 규제를 받았습니다. 그런데 1970, 80년대에 신용대출 시장이 자유화되어 은행들은 투자하려는 사업체에게 돈을 빌려주기보다 토지를 담보로 집을 사려는 사람들에게 돈을 빌려주는 안전자산 선호정책으로 정책을 변경하였습니다.

앞서 언급한 바와 같이 토지가 가지고 있는 미래 가치성과 소멸하지 않는 특성 때문에 금융적으로 딱 들어맞는 담보의 특성을 가지게 된 것이지요.

이를 뒷받침한 강력한 이론적 근거도 있었습니다. 또한 담보대출을 이용한 부동산 신용거래의 급격한 증가가 재정의 취약성을 높이고 금융위기와 오랜 불경기를 예고한다는 경제적 증거도 충분합니다.

심지어 많은 경제학자는 토지와 신용의 순환이 자본주의 경제의 특징이며, 이것이 표준경제학에서 말하는 경기순환 보다 더 정확하다고 주장하기도 합니다.

13.

인센티브 성과급 제도

인간은 성과급에 잘 반응하지 않는다는 말씀을 드렸지요.

새장에 새는 버튼을 누르면 먹이를 주는 방식으로 계속 버튼을 누르는 행동을 하게 할 수 있습니다.

하지만 인간은 이런 방식으로 행동을 지속하게 할 수 없다는 연구 결과가 많습니다.
인간은 인센티브를 주면,
"왜지?, 일이 힘들고 재미가 없는 것일까?" 라는 인지 현상이 일어난다는 것이지요.

도요타의 생산성을 다른 기업이 메뉴얼을 따라 해도 그 생산성을 달성할 수 없다고 합니다.

도요타에서는 인센티브 제도 보다 더 중요시 생각하는 것을 마인드셋이라는 제도에서 찾아볼 수 있습니다.

많은 경우, 성과에 따른 인센티브를 주면 직원들이 더 생산적으로 일할 것이라는 생각을 하게 되고, 돈으로 모든 보상과 생산성이 높아질 것이라는 생각을 합니다.
그렇지만 이는 100%로 적용되지 않는 경우입니다.

도요타에서는 직원들이 생산성을 높이기 위해서는 자신이 이 일을 왜 하는지 먼저 알아야 한다고 합니다.
내일이 어떤 가치를 지니고 있고, 그것이 어떤 결과를 내는지 회사가 구체적으로 그려줘야 한다고 하지요.

이솝우화에서 벽돌공 이야기를 예로 듭니다.
그냥 아무 생각 없이 벽돌을 쌓는 사람보다 이 벽돌을 쌓아서 교회를 만들고, 그 교회에 많은 사람이 오길 바라는 가시적인 목표가 있는 벽돌공이 훨씬 생산성이 높다는 것입니다.

13. • 인센티브 성과급 제도

따라서 직원들에게 구체적인 목표를 제시하고 그 목표가 어떠한 가치를 가지는 지를 설명하는 것이 생산성을 위해 더 중요하다는 것입니다.

이제 사회가 점점 더 가치주의로 발전한다고 하지요.
내가 하고 있는 일이 돈 보다 더 중요한 어떠한 가치를 가지고 있는지 확인을 할 필요가 있습니다.

14.

바보 중의 바보

경제학에서 바보 중의 바보라는 이론이 있습니다.

부동산 투기를 예로 들면, 그 집의 참된 가치를 모르면서도 비싼 값을 지불하는 이유는 자신보다 더 멍청한 바보가 자신보다 더 비싸게 그 물건을 사 갈 것이라고 기대하기 때문이지요.

투기 행위는 대중심리를 예측해서, 자신보다 더 바보를 찾는 것이지요.
그런 사람이 있기만 하면 얼마를 버느냐의 문제지 버는 것은 확실한 셈입니다.

그런데 만일 더 비싼 값을 치를 더 멍청한 바보가 나타나지 않는다면 바로 당신 가장 바보가 됩니다.

1720년 영국에서 주식투기가 과열되었을 때, 한 회사에 대하여 알지도 못하면서 공채 시 투기가 과열되어 투자자들이 몰려들어 북새통을 이룬 적이 있었습니다.

그 회사가 크게 이윤을 남길 수 있을지, 아이템은 무엇인지 알려고 하지도 않았지요. 단지 자기들보다 멍청한 사람이 나타나서 가격이 올라 돈을 벌 생각뿐이었습니다.

아이러니하게도 천재물리학자였던 아이작 뉴튼도 투자자 중 한명이었습니다.

큰 손해를 본 후 아이작 뉴튼은 다음과 같이 말을 했습니다.
"나는 천체의 운행은 계산해 낼 수 있지만, 사람들의 미친 심리는 알 길이 없다."

강남의 부동산이 미친 듯이 오르고 비트코인의 가격이 미친 듯이 상승하는 이유는 바로 누군가 나보다 더 비싸게 사줄 바보를 찾는 게임입니다.
그런데 찾는 사람이 없으면 바보는 바로 당신인 게임이지요.

15.

기버, 테이커 그리고 매쳐

저의 선지자인 제 아내가 저에게 가르쳐준 성경 말씀입니다.

우리는 흔히 세 가지 유형의 사람을 보게 됩니다.

① 자기가 준 것보다 더 받고 싶어하는 TAKER (테이커)
② 자기가 준 만큼 받고자 하는 MATCHER (매쳐)
③ 받은 것보다 더 많이 주기를 좋아하는 GIVER (기버)

우리는 흔히 기버를 "호구"라고 부르지요.

한 실험에서 기버는 업무 성취도가 가장 낮았지만 반대로 성공할 확률도 무척이나 높았습니다.

테이커는 자기에게 도움을 줄 수 있는 사람에게만 전략적으로 접근합니다. 따라서 진심 어린 관계를 맺을 수 없지요.

반면 기버들은 대가없이 남에게 호의를 베풀기에 도움을 받은 사람들은 가능하면 기버를 도와주려고 하는 마음이 있습니다.

실패하기 쉬운 호구 기버와 성공하는 기버의 차이는 무엇일까요.

예를 들지요.
컨설팅 회사에 근무하는 두 사람이 있었습니다.
한사람은 일을 너무 잘하고 남들과 좋은 관계를 맺고 남들 일도 솔선수범해서 도와줍니다.
하지만 이 사람은 임원승진에 실패했지요.
이유는 주변에 "NO"라는 말을 못 하고 고객을 압박하는 데 능숙하지 못했기 때문입니다.
바로 실패한 기버인 셈이지요.

다른 컨설팅 회사에 근무하던 친구는 회사에 입사하자 정보와 검색체계가 없다는 것을 알고 정보를 검색하고 다른 사람들과 공유하기 시작했지요.

곧 그 회사의 모든 검색 체계와 정보는 그를 중심으로 돌아가게 되었고 자기의 업무를 남들과 공유하여 남들에게도 남을 도울 수 있고, 자기의 과중한 부담을 막았던 것이지요.

그는 31살에 최연소 임원이 되었고 지금도 승승장구하고 있습니다.

"일을 도와줄 수 있는 사람이 내가 유일할까?"
성공한 기버는 내가 그 일에 적합한 유일한 사람이라는 생각을 버립니다.
그리고는 사람들끼리 서로 돕도록 연결해 주기 시작합니다.

테이커는 베풀 때마다 항상 대가를 받으려고 합니다.
항상 되돌려 받으려 하지 않지만, 남에게 빚을 떠안겼다고 생각합니다.

실패한 기버는 자신의 이익에 대한 욕구가 현저히 낮습니다.
성공한 기버는 베풀고 자신도 이익을 챙기려 하고 자신의 이익이 당장은 아니어도 언젠가는 나타날 일만 하며 주변을 성공한 기버가 되도록 노력합니다.

제가 사는 방식이고 목표인 셈이지요.
성공한 기버가 목표입니다.
그래서 열매를 맺지 못하는 곳에는 씨를 뿌리지 않습니다.

부동산 금융에서 테이커도 아니고 매쳐도 아니며 기버도 아닌 사람이 바로 브로커입니다.

그리고 일반적인 금융기관에 근무하는 사람들은 매쳐를 가장한 테이커이지요.

모든 시행자는 테이커이며, 그나마 올바른 시행사라고 평가를 받는 사람이 매쳐이며, 기버는 본 적이 없네요. 불행히도 기정 정세권 옹 말고는…….

여러분은 테이커인가요, 매쳐인가요 아니면 기버인가요. 한번 생각해보세요.

16.

투자, 낭비, 소비의 차이

칼마르크스는 재화의 가치는 두 가지로 나누어 진다고 합니다.

① 교환가치
② 사용가치

여기에서 교환가치를 가격이라고 정의합니다.

교환가치는 일반적이고 범용적입니다.
하지만 사용가치는 서로 다를 수 있습니다.

예를 들어, 특정 선수의 사인볼 등에는 일반적인 볼의 판매가격과는 전혀 다른 가치입니다.

지출행위는 다음 3가지로 구분될 수 있습니다.

가격을 돈+시간을 고려해 가치를 평가한다고 할 때

① 투자는 가격 < 가치입니다.

② 소비는 가격 = 가치입니다.

③ 낭비는 가격 > 가치입니다.

가격이 오를 수록 판매가 잘되는 베블런 효과

한번 제품에 꽂히면 무조건 사고 봐야 하는 앵커링 효과 등이 낭비 지출행위의 표본입니다.

사람들은 이렇게 투자와 소비, 낭비의 구분을 잘해야 올바른 경제행위를 영위할 수 있다고 합니다.

17.

아파트는 화폐다

우리나라에서 아파트는 사는 곳인 주거지가 아닌 재화인 화폐가 되었습니다.

그 이유를 저 나름대로 곰곰이 생각해본 결과, 전국의 모든 아파트의 모양과 형태가 똑같기 때문에 모든사람들이 가격을 신뢰하는 재화로 인식한다는 생각이 들었습니다.

화폐란 사람 간의 신뢰를 근거로 하는 약속의 증표이지요.

강남의 아파트를 표준으로 전국의 모든 아파트가 동일한 구조, 동일한 외관, 동일한 환경을 가지고 있습니다.

그러다 보니 사람들은 돌 화폐의 섬에서처럼, 위치와 크기에 따라 일정한 가격을 표준화한 화폐의 가치를 형성시킨 것이지요.

외국은 같은 모양의 아파트를 찾아보기 힘듭니다.

왼쪽은 독일의 모더니즘 주택단지이고, 오른쪽은 덴마크의 8자형 아파트 단지입니다.

이렇게 주거환경이 다르고 형태도 다르다 보니 가격이 일정화 되지 않고 주거를 강조하지 재화로 인식되지 않습니다.

대기업 시공사에서 지은 아파트는 모두 브랜드를 가지고 있습니다. 마치 몇 만원짜리 수표처럼 말이지요.

만 원권 (중소 건설사), 오만원권(대기업 건설사) 이렇게 아파트가 화폐화 되는 것이 우리나라의 실정입니다.

강남이 표준이다 보니 전국에 짝퉁이 범람합니다.
짝퉁을 소유한 사람은 언젠가 정품을 소유하고 싶고 그래서 강남에 미련을 버리지 못하는 듯합니다.

18.
파킨슨 법칙

여러분들은 혹시 파킨슨의 법칙을 들어보신 적이 있는지요.

파킨슨은 영국의 역사작이고 파킨슨의 법칙은 1955년에 이코노미스트 잡지에 기고한 에세이에서 유래되었다고 합니다.

파킨슨의 법칙은
"인간은 어떤 일이든 주어진 시간이 다 소진될 때까지 늘어지게 일을 한다는 경험적 법칙"입니다.

파킨스이 이 법칙을 발견한 것은 군대에 근무하던 시절이라고 하지요.
영국군이 식민지에서 철수하던 때라고 합니다.

영국 해군이 한 식민지에서 철수로 업무량은 감소했으나, 오히려 영국 공무원 수는 327명에서 1,611명으로 약 400% 증가 (매년 20%)했다고 합니다.

파킨슨은 그 이유를 업무는 줄고, 인원은 늘어나는 양상은 문서작업이 많은 관료조직에서 나타나는 특징이라고 설명합니다.

파킨슨은 관료조직의 인원수가 증가하는 이유를 다음과 같이 설명합니다.

1) 부하 배증의 심리
선임자의 경우 자신의 생존을 위해 경쟁자보다 부하를 추가적으로 경쟁적으로 더 고용한다.

2) 업무 배증의 심리
부사의 수가 늘어나면 선임은 자신이 할 수 있는 일도 부하에게 지시해서 처리하여 서로의 생존을 위해 일감 만들어내기를 반복한다.

위와 같은 이유로 조직은 비대해지고 개인은 효율성이 떨어진다는 경험적 법칙이 바로 파킨슨의 법칙입니다.

이런 파킨슨의 법칙을 탈피하기 위해 미국의 국부인 벤자민 프랭클린은 다음과 같은 법칙을 설명합니다.

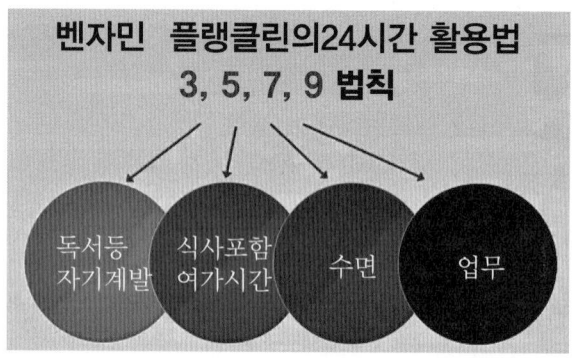

하루 24시간 중 3시간, 5시간, 7시간, 9시간을 위와 같이 배분한다는 것입니다.

벤자민 프랭클린은 다음과 같이 말을 합니다.

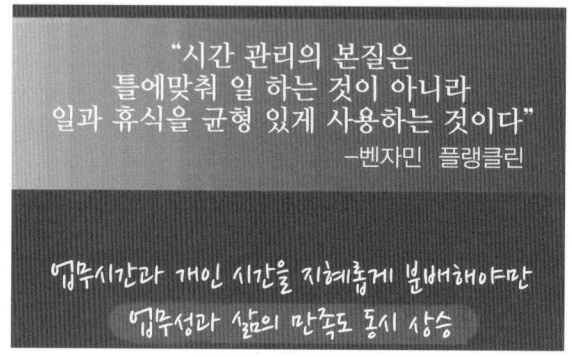

제가 잘 쉬어야 일의 효율이 높아지고, 휴식도 업무 성취도의 질적 향상을 위해 반드시 필요하다. 라는 말을 여러 번 드린 적이 있습니다.

쉬지 않고 일하는 사람이 결코 우수한 성취도를 보이는 것이 아니라는 말이지요.

점점 비대해져 가는 조직은 위와 같은 부해 배증, 업무 배증의 심리 때문이라는 점은 조직을 관리하는 분들은 한 번쯤 생각해보아야 할 일인 듯 합니다.

19.

부동산의 투기와 투자의 차이

내가 하면 로맨스 남이 하면 불륜
내가 하면 절세 남이 하면 탈세
내가 하면 투자 남이 하면 투기

부동산의 투기와 투자의 차이는 다음과 같다고 일반적으로 전문가들이 말하더군요.

투자 : 매입-운영-판매

투기 : 매입-판매

즉, 매입하여 임대를 놓고 임대수입을 올리다 판매를 하면 투자이고, 매입하자마자 팔아치우면 투기라는 것입니다.

하지만 저는 조금 다른 의견입니다.

상품의 가치는 아담스미스가 말한 활용 가치와 교환가치가 있습니다.

부동산은 활용 가치가 더 높은 상품인데, 어느덧 우리나라에서는 교환가치가 더 강조되고 있는 것이지요.

교환가치가 강조되다 보니 주거라는 뜻보다는 상품이라는 뜻이 더 강조되는 것이지요. 즉 주식이나 채권처럼 재테크의 수단이 된 것입니다.

어차피 교환가치가 강조되어 부동산 재테크라는 투자 상품이 된 부동산에서 투자와 투기의 차이는 단순하다고 생각됩니다.

투자는 정상적인 방법으로 일정의 이익 창출을 위해 진행하는 것이니, 운영(임대)을 하던 안 하던 그것은 투자라고 보이나, 투기는 고수익을 노리고 불법적으로 얻은 정보를 무기로 투자를 하는 탐욕스러운 행위를 일컫는다고 생각됩니다.

어느 날 논밭이 끝도 모르는 가격 상승이 이루어진다면, 사전에 해당 지역이 개발된다는 정보를 얻거나 만들어내 사람들에 의해서 조작된 투기 형태입니다.

상업용 부동산은 당연히 재테크의 수단이고 투자의 수단인 것은 마땅합니다. 하지만 주거인 아파트가 재테크의 수단이 되는 것은 우리생활에 어려움을 가중시키기만 하는 일이라는 것을 많은 분들이 알았으면 합니다.

19. • 부동산의 투기와 투자의 차이

[일반적인 투기와 투자 : 변동성]

저는 위험 수준으로 투기와 투자를 구분하고자 합니다.

위험 수준이 높으면 투기에 가깝고 위험 수준이 낮으면 투자라고 볼 수 있지요.

물론 모든 투자와 투기에는 위험이 항상 따라붙고, 원금을 손실을 볼 수 있습니다.

투자는 잃는 것이 적정수준일 수 있지만, 투기는 모든 것을 잃을 수도 있습니다.

그러면 위험성은 어떻게 표현될 까요?

바로 변동성 지표가 있습니다.

표준 편차 또는 시그마값이 유가 증권의 변동성을 측정할 수 있는 확률적 도구로 사용됩니다. 특히, 일정 기간 동안 평균 수익률을 기준으로 유가 증권의 가격 변동성을 측정합니다.

	One Day	Ten Day
S&P 500 Index (S&P)	1%	1%
Gold Bullion	1%	2%
Bitcoin	6%	22%
Ethereum	6%	22%

위의 표는 US GLOBAL INVESTORS의 변동성 차트입니다.

S&P는 10일간 1%의 변동성을 가진다는 것이고, 비트코인은 10일간 22%의 변동성을 가진다는 것입니다.

따라서 S&P가 비트코인보다 22배 더 안전한 자산인 셈이지요.

[위험 감내 수준과 목표]

모든 투자와 투기는 위험이 따릅니다. 하지만 본인이 감내할 수 있는 위험 수준이 있습니다.

이는 투자자의 나이, 재력 등에 따라 달라집니다. 젊은 사람은 회복할 시간이 있고, 나이가 든 사람이면 회복이 불가능할 수도 있습니다. 그래서 젊은이는 투기성 투자를 하지만 은퇴자는 채권, 금 등 투자성 투자를 하게 되는 것이지요.

모든 금융기관은 자산 운용의 포트폴리오를 가지고 있습니다.

예를 들어 위험수준이 낮은 안전 자산 투자 비율과 위험 수준이 높은 위험 자산 투자 비율이 존재합니다.

안전 자산에만 투자하게 되면 수익률을 맞출 수 없기 때문입니다.

예를 들어 선순위 투자 비율과 PI 투자 비율과 1군 시공사 PF 투자비율과 책준 투자비율이 다르게 존재합니다.

19. • 부동산의 투기와 투자의 차이

그리고 각각의 이자율이 다르게 존재합니다. 즉 수익률 목표를 반영하는 것이지요.

개인도 저축을 하는 것은 안전자산 투자입니다. P2P에 투자는 위험성 투자이지요.

이자율이 높으면 위험성이 높다는 것이지요.

[여러분에 당부하고 싶은 말]

모든 계약, 투자는 목표가 있어야 합니다.

그 목표를 달성하기 위한 포트폴리오가 있어야 하며 그 포트폴리오는 위험 수준에 따라 목표에 따라 적절히 배분하여야 합니다.

몰빵하는 행위는 그 자체가 투기입니다. 모든 것을 잃을 수 있기 때문이지요.

많은 사람은 적은 금액을 들여서 많은 수익을 누구나 올리고 싶어하기만 합니다.

하지만 위와 같이 수익률 목표와 포트폴리오를 구성하지 않으면 절대로 불가능한 일입니다.

부동산은 변동성의 폭이 100%에 가깝습니다. 이유는 바로 분양성 때문이고 분양성은 하나님만 안다고들 합니다.

어제 완판된 지역이 오늘은 10%만 분양이 되고도 하고 분양성은 수요와 공급, 정책, 금리 등에 끊임없이 영향을 받습니다.

그 어떠한 것도 자기가 컨트롤 할 수 있는 것이 아니라 외부의 요인에 맡겨야 하기 때문입니다.

즉, 예측이 불가한 것이지요.

그래서 금융권에는 부동산 대출(PF)을 가장 위험성이 높은 자산으로 분류하는 것입니다.

부동산 시행업을 꿈꾸시는 분들은
1. 분양성이 확실하진 - 변동성
2. 투자금액이 실패했을 때 감내할 수 있는지 - 위험 수준
3. 수익성이 적절한지 - 수익 목표
4. 원금 회수는 가능한지 - 안정성

이런 것들을 검토해야 합니다. 사업수지만 보고 시행업을 하는 것은 누가 뭐래도 투기이니까요.

20.

스타트업 실패할 권리

우리나라는 유난히도 실패에 대해서 관용이 부족합니다.
한번 실패하면 주홍글씨처럼 낙인을 찍어버리는 듯 합니다.

그래서 특히 젊은 이들은 실패에 좌절하고 두려워합니다.
젊은이뿐만 아니라 중년들도 실패에 대한 두려움으로 커리어 관리에 많은 신경을 쓰지요.

이런 현상은 사회 전반에 걸쳐 있습니다.
그래서 창의적이고 공격적인 비즈니스를 두려워합니다. 실패는 성공의 어머니라는 격언이 우리나라에서는 잊혀진 지 오랜 말이지요.

실패를 통해서 배우고 실패를 통해서 발전하고, 자기의 잘못을 깨우치고 발전합니다.

우리 모두에게 스스로 실패할 권리를 부여합시다.

젊은이들이 창업이라는 도전 대신 대부분 9급 공무원 시험을 응시하는 이유가 바로 우리 사회의 실패할 권리를 주지 않는 것과 무관하지 않습니다.

어떤 분의 "헬조선이라 빈정대지 마라 부모들 모두 울면서 나라의 발전을 이루었다" 라는 글을 와이프가 보내 준 적이 있습니다.

저희 생각은 아래와 같았습니다.
"기성세대가 고생해서 만든 나라라고?, 서독 광부와 간호사로 고생을 해서 만든 나라라고? 웃긴 소리 말아 여보!!"
"지금의 청년들은 기성세대의 고생을 모른다고?"

"만일 지금의 청년들이 50년전으로 돌아가면 지금의 기성세대보다 훨씬 잘할 수 있어!"
"그리고 50년전 사람들이 지금 태어난다면 지금의 청년들보다 잘 할 수 있을 것 같아? 절대 아니야!"

20. • 스타트업 실패할 권리

"기성세대가 대학교 주변에 빌라를 지어, 그리고 대학교가 기숙사를 지으면 반대 농성을 해, 자기네 임대사업이 안 된다고"
"기성세대가 청년임대 주택이 들어서면 집값이 떨어진다고 농성을 해"

"50년전에는 청년들이 신문팔이던, 무엇을 하던, 주거비가 지금처럼 높지 않았어"
"아르바이트를 하면 학비를 벌 수 있었어"
"지금은 아르바이트를 해도 주거비를 감당하지 못해"
"학비는 학자금 대출을 받아 평생 빚을 지고, 사회초년생이 빚으로 출발해"

"기성세대는 취직이 쉬웠어. 지금은 스펙이 단군 이래 최고야, 그런데 어떻게 지금 세대가 기성세대보다 못하다고 그렇게 어불성설을 말을 할 수 있지?"

"기성세대가 모든 것을 가지고, 시작하는 청년세대는 기성세대에 모든 것을 양보해야 하는 지금의 세태가 오른 것이야?"

청년이 바로 서지 못하면 그 나라는 망하는 나라입니다.
부국의 조건은 청년의 활력이지요.

청년의 활력을 기성세대가 뺏으면서 어떻게 청년들을 탓하는지요!

21.

협상

우리는 비즈니스를 하면서 늘 협상을 합니다.

고객과 비즈니스 파트너와 협상을 하지요.

생산단가를 낮추기 위해, 납품업자와 사용자가 협상을 하고, 금융주관을 위하여 증권사 직원과 시행사가 협상을 합니다.

전 세계적으로 협상에 관하여 가장 유명한 교수는 와튼 스쿨의 스튜어트 교수이지요.

많은 대기업들이 스튜어트 교수에게 컨설팅을 받고, MBA 강의 중 가장 비싼 수업료로도 유명합니다.

협상에는 Position (요구)와 Needs (욕구)로 나누어 집니다.

예를 들지요.

'서희 담판'은 역사 속 위대한 협상의 사례로 자주 인용됩니다. 교과서 등을 통해 흔히 알려진 내용은 이렇다. 당시 거란의 소손녕은 '고구려의 후손으로서 옛 땅을 찾으러 왔다'며 80만 대군을 끌고 고려를 침략해왔고. 고려에 무조건 "항복하라"로 주장했습니다.

이에 고려의 서희는 고려가 고구려의 진짜 후손임을 설득시켰고, 그 결과 오히려 북방의 강동 6주까지 얻어냈지요.

전쟁을 치르러 온 장수가 상대의 말만 듣고 군대를 돌린다는 것이 과연 상식적일까요?

실제 협상 상황은 이랬습니다. 거란은 중국 본토의 송나라와 본격적인 전쟁을 준비하고 있었고, 소손녕이 고려를 침공한 것은 송나라를 공격할 때 고려가 후방을 칠 것을 대비하기 위함이었습니다.

이에 서희는 거란이 '왜' 고려를 침공했을까를 생각했고, 그 핵심을 건드렸습니다. '고려와 거란 사이에는 강동 6주를 지나야 하는데 여진족 때문에 가로막혀 있다, 이들의 방해만 없다면 거란과 국교를 맺고 싶다'라고 말한 것이지요.

이는 배후를 안전하게 만들겠다는 소손녕의 근본적인 입장은 서희의 제안과 크게 다르지 않았습니다.

　　거란의 포지션은 '항복하라'
　　니즈는 "후방을 안전하게"

즉 니즈에 집중해 협상을 진행시키면 반드시 상대가 요구하는 포지션을 받아들이지 않아도 협상을 이끌 수 있는 것입니다.

또 다른 예를 들지요.
녹초가 된 몸을 소파에 누이려는데 당신의 아내가 말을 겁니다. "여보, 요즘 애들이 너무 말을 안 들어. 그리고 갑자기 추워져서 그런지 요새 머리가 너무 아파." '나도 힘들어 죽겠어'라는 말이 목구멍까지 차올랐지만 꾹 참고 이렇게 말했습니다. "그래? 내일 병원 가자." 하지만 당신의 말을 들은 아내의 얼굴에서 고마움은 눈을 씻고 봐도 찾을 수가 없고 오히려 잔소리를 쏟아 냅니다.

아내에게 '머리가 아프다'는 건 포지션일 뿐이었습니다. 진짜 원하는 것, 즉 니즈는 '온종일 애들에게 시달리며 집안일 하느라 너무 힘들었다'는 것을 남편이 알아주길 바랐던 것입니다. 결국 "그래? 오늘 힘들었어?"라는 따뜻한 말 한마디면 해결될 일이었습니다.

협상뿐만 아니라 행복한 가정을 꾸리기 위해서도 포지션이 아닌 니즈에 집중하는 건 아주 중요합니다.

스튜어트 교수는 다음 사항을 명심하라고 합니다.

1) '열린 질문'을 던져라!

협상은 나 혼자 계산해 정답을 맞추는 퀴즈쇼가 아닙니다. 오히려 파트너와 호흡을 맞춰 작품을 만들어 내는 댄스스포츠에 가깝지요. 이때 내가 아닌 상대의 욕구와 나의 욕구를 서로 대어보는 가장 빠르고 정확한 방법이 질문이고, 포인트는 '어떤' 질문을 하느냐, 유효한 질문을 할 수 있느냐에 있습니다.

상대가 이렇게 요구한다고 가정합니다. "납기일은 월말까지 가능하시죠?" 월말까지의 납기는 힘든 상황. 당신이 이런 요구를 받았다면 어떤 질문을 던질 것인가요? 혹시 '납기일을 꼭 월말로 해야 하나요?' 이런 질문을 커뮤니케이션학에서는 '닫힌 질문'이라고 합니다. 상대가 "Yes or No"의 대답만 하게 하는 질문이란 뜻이지요.

이때 '열린 질문'이 필요합니다. "납기일을 월말로 하지 않으면 어떤 점이 곤란하신가요?" 이런 질문을 통해 '납기일이 늦어지면 완성품 생산 일정에 차질이 생긴다'라거나 '원재료 공급이 늦어지면 기계 운영을 멈출 수밖에 없어 비용 부담이 커진다'는 등의 진짜 이유를 파악할 수 있습니다. 그리고 이를 통해 원재료 납품이 늦어져도 문제를 해결할 수 있는 '또 다른 방법'을 찾을 수 있게 됩니다.

예를 들면 '기계가 지속적으로 돌아갈 수 있도록 최소 물량은 꾸준히 공급한다.' 는 식의 대안 말이지요.

2) 관점을 전환하라!

공장 설비를 납품하고 싶은 당신. 어렵게 거래처 사람과의 미팅을 잡았다고 하지요. 주어진 시간은 단 10분.

1. 이 설비는 현재 시장에서 유통되는 것들에 비해 생산성이 15% 이상 높다.
2. 불필요한 장치를 없애고 부품의 크기를 줄여서 설비의 크기를 최소화했다.

3. 설비 운영 중 생기는 문제에 대해 24시간 AS가 가능하다.

만난 사람이 공장장이라면 몰라도 상대가 구매 담당자라면 '빵점'짜리 협상이 될 것입니다.

구매 담당자의 마음을 움직이려면 이 설비가 다른 것들보다 얼마나 더 싼지를 어필하는 게 더 효과적입니다.

담당자의 욕구, 즉 니즈는 품질보다는 가격에 있기 때문이지요. 그런데 안타깝게도 많은 협상가들이 똑같은 이유로 한탄한다. '이게 얼마나 좋은 건데 그 가치를 모른다'라면서 말이지요.

이는 관점 전환 능력이 부족하기 때문입니다. 사람들은 내가 아는 것을 상대도 알 것이라고 지레 짐작하게 됩니다.

내가 생각하는 장점을 상대도 가치 있게 여길 거라고 믿습니다. 이건 혼자만의 착각일 뿐입니다. 나에겐 당연한 것이 상대에겐 당연하지 않을 수 있고, 나에겐 최고의 가치를 주는 게 상대에겐 귀찮은 고민거리일 뿐일 수도 있지요. 협상의 고수들은 항상 상대의 입장에서 생각합니다.

그 사람이 중시하는 건 무엇인지, 그의 마음을 움직일 수 있는 건 뭔지, 상대 관점에서 문제를 바라보는 것. 그것이 욕구 파악의 핵심입니다.

3) '히든 메이커(Hidden Maker)'를 파악하라!

미국인들이 가장 좋아하는 스포츠라면 역시 NFL(미국 프로 풋볼 리그)입니다. 그런데 NFL 올스타전에는 흥미로운 점이 하나 있습니다. 바로 올스타전인 '프로볼' 경기가 열리는 지역이 미국 본토가 아니라 하와이라는 점이지요.

왜 이들은 굳이 본토를 두고 태평양 한가운데 놓인 섬까지 날아가 올스타전을 여는 걸까요?

NFL은 몇 년간 프로볼 경기에 슈퍼 스타급 선수들을 불러 모으지 못해 골머리를 앓고 있었습니다. 왜 올스타전에 안 나오는 걸까? 상금을 늘려봤지만 소용이 없었습니다.

100억 원 이상의 천문학적 금액을 연봉으로 받는 선수들에게 몇 만 달러의 상금은 인센티브가 될 수 없었지요. 시기적으로도 부적절했습니다. 시즌이 끝나 피로가 누적된 상태에서 성적과 아무 관련도 없는 경기에 나섰다가 부상을 당하면 손실이 너무 크기 때문입니다.

프로볼 경기 장소를 하와이로 옮기고 하와이행 왕복 항공권과 최고급 호텔 숙박권을 제공하기로 했고. 그러자 놀라운 일이 벌어졌습니다.

이들 슈퍼 타들에게 부족한 것은 돈이나 명성이 아니라 가족 혹은 애인과 함께 할 수 있는 '시간'이었습니다. 주최 측은 '합법적인 휴가 기간'을 줘서 선수들이 평소 잘 챙겨주지 못했던 사람들과 행복한 시간을 보내도록 만들어 주겠다는 전략이었습니다.

바로 이것이 '히든 메이커(Hidden Maker)'를 활용해 상대의 욕구를 자극한 협상이라고 합니다. 스타 선수들의 가족과 애인이 히든 메이커였던 셈입니다. 그래서 협상 고수들은 내 협상 파트너의 주변 사람이 누구인지 파악하기 위해 많은 노력을 합니다.

히든 메이커의 말을 따르는 것 또한 하나의 중요한 욕구가 되기 때문입니다.

그리고 마지막 제가 개인적으로 제일 중요하게 생각하는 것이 있습니다.
그것은 바로 협상 상대방에 대한 "배려"입니다.

파키스탄에서 잡은 탈레반 포로를 심문할 때 미군이 포로에게 설탕이 없는 빵을 주었지요.
당뇨와 비만을 앓고 있는 포로를 위한 배려였고, 포로는 자기가 존중받고 있다고 생각해서 많은 정보를 자백합니다.
협상의 상대를 존중하고 배려하는 것이 위에서 기술한 모든 기술의 기초라고 강조하고 싶습니다.
명심하세요.
상대의 요구와 욕구를 잘 파악해도, 상대에 대한 배려가 없다면 협상은 시작도 할 수 없을 겁니다.

22.
통찰력

오늘 유명 건설사 미래전략실에 근무하는 제자가 점심에 찾아왔습니다.
원래 미전실이라는 곳이 기업의 미래 먹거리를 찾는 곳이지요.
기업의 90%는 현재의 먹거리를 찾아서 열심히 일하지만, 10년후의 모습을 바라보며 기업의 방향을 결정하는 중요한 부서입니다.

어떻게 하면 미래의 먹거리를 찾는 창조적인 일을 할 수 있는지가 제자의 질문 핵심이었습니다.

제가 늘 말하듯이,
1. 엔지니어가 회사를 하면 3년을 넘기기 어렵고,
2. 영업을 하는 사람이 기업을 하면 5년을 넘기기 어려우며,
3. 관리하는 사람이 회사를 하면 10년 안에 반드시 망한다고 합니다.

이유는
1. 엔지니어는 돈을 쓰기만 하고,
2. 영업은 이익보다 매출을 우선시하고,
3. 관리는 투자를 두려워해 트렌드를 잃어버리기 때문입니다.

작게 보면 우리는 전공이라는 틀에 박혀서 살고 있지요.
대학의 전공, 회사 내의 부서의 전공, 사회의 직업의 전공으로 세분화 되어 있습니다.
세상이 시스템화 되면서 또한 세분화 되면서, 사람들은 전문성을 강조하고, 전문적인 분양에 대한 지식이 있어야 성공한다고 합니다.

오늘 제가 제자에게 해준 말의 핵심은 통찰력입니다.

미전실에 근무하는 사람은 미래를 내다보는 통찰력이 필요하다고 말했지요. 제자의 다음 질문은 통찰력을 어떻게 키우느냐였지요.

저의 답변입니다.

내가 많은 책을 읽고, 그리고 그 책이 전공 서적인 경제학보다, 인문학, 심리학, 역사학, 사회학 책이 많은 이유는 내가 살고 있는 사회에 대한 이해를 위해서 입니다.

우리는 혼자 살고 있지 않고 무리를 지어서 살고 있기에 군중의 심리, 생활, 습관, 태도 등을 알아야 사회의 트렌드를 느낄 수 있지요.

금융, 건축 등의 전공만을 잘하는 사람은 성공의 수준이 제한적입니다. 올라갈 수 있는 한계가 있지요. 이유는 창의력이 부족하기 때문입니다.

창의력이라 함은 사회의 변화와 미래를 예측하고, 그에 맞는 무엇인가를 창출하는 것을 말합니다. 사람들은 이것을 통찰력이라고 부르지요.

기업에서 순환보직을 시키는 이유, 미국 MBA에서 경제학보다 전혀 다른 전공 학생을 선호하는 이유, 선진국이 대학에서의 전공과 대학원에서의 전공이 다른 이유도 이와 무관하지 않습니다. 전혀 다른 시각, 즉, 우리의 사회를 바라볼 수 있는 시각을 가지지 못한 사람은, 전공만을 잘하는 사람은 최고의 리더는 될 수 없습니다.

우리는 수많은 자기계발서를 접하고 있습니다. 성공하려면, 시간을 관리해라, 목표를 세워라, 휴식을 잘해라, 네트워킹을 잘 관리해라, 리스크를 관리해라, 주도적으로 일해라 등등 하지만 저는 박학다식 해지라고 권하고 싶습니다.

아무리 자기의 일과 관련이 없어도 많은 지식을 가진 사람은 그만큼의 사회의 변화를 읽을 줄 알고, 통찰력을 가질 수 있으니까요.

여러분 오늘은 서점에 가서서 지금까지 한 번도 관심을 가지지 않았던 책을 한 권 사도록 하세요.
요리책이던, 만화책이던, 과학책이던 한 번도 관심을 가지지 않았던 책을 한번 사서 읽어보세요.
그 어떤 책이라도, 그 어떤 주제라도 우리가 사는 세상에 대한 책입니다.

23.
아인슈타인의 명언

1. 지식은 문제를 해결하고 천재는 문제를 예방한다.

2. 한 번도 실수를 해보지 않은 사람은 한 번도 새로운 것을 시도한 적이 없는 사람이다.

3. 대가를 지불하지 않아도 되는 일은 가치가 없는 일이라는.

4. 무얼 받을 수 있나 보다 무엇을 줄 수 있는가가 한 사람의 가치 있는 삶이다.

5. 지식보다 소중한 것은 상상력이다.

6. 나는 미래에 대해 생각한 적이 없다. 어차피 곧 닥치니까!

7. 너 자신의 무지를 너무 과소평가하지 마라.

8. A가 인생의 성공이라면 A = X + Y+ Z, X는 일, Y는 놀이, Z는 입을 다물고 있는 것이다.

9. 너무 많이 책을 읽고 뇌를 적게 쓰면 생각을 게을리하게 된다.

10. 아름다운 여자의 마음에 들려고 노력할 때는 1시간이 마치 1초처럼 흘러간다. 하지만 뜨거운 난로 위에 앉아 있을 때는 1초가 마치 1시간처럼 느껴진다.
이것이 바로 상대성이다.

24.
강남 집값과 심리학

왜 서울 집값은 오르기만 할까요?
왜 강남 집값은 계속 상승만 할까요?

강남 불패론, 낙관론, 등등 언론과 인터넷에서 분석으로 분주합니다.
투기꾼 때문이다, 아니다, 실수요자들 때문이다 등등 너무나도 많은 이론이 존재합니다.

저는 행동경제학적인 측면에서 검토해 보도록 하겠습니다.

제가 기대이론에 대하여 여러분들에게 강의한 적이 있습니다.

"사람들은 불확실한 이익보다는 확실한 이익을 선호한다."
(a) 40억원을 벌 확률 80%와 (b) 30억원을 벌 확률 100%인 경우 사람들은 (b)를 선택합니다.

"사람들은 확실한 손실보다는 불확실한 손실을 선호한다."
(a) 손실이 40억일 확률 80%와 (b) 30억원의 손실 확률 100%인 경우 사람들은 (a)를 선택합니다..

① 지방에 싼 부동산을 투자해서 수익이 3억이 날 확률이 80%, 강남에 투자해서 수익이 2억이 날 확률 100%이면 사람들은 강남에 투자 하지요.
② 지방에 8억원을 투자해서 손실이 날 확률 80%, 강남에 10억원을 투자해서 손실이 날 확률 50%라고 하면 사람들은 강남에 투자를 합니다.

이렇게 군중의 심리가 강남에 대한 기대이론을 충족시키기 때문인 것으로 보입니다.

강남에 투자하면 적게 벌어도 무조건 벌 확률이 높고, 돈을 많이 잃어도 잃을 확률이 다른 곳보다 적다고 생각하는 것입니다.

그러면 왜 이렇게 강남에 대해서는 군중들이 맹신 할까요?

밴드왜건효과 때문입니다.
"스스로 합리적이고 객관적인 결정을 내리기보다 다른 사람들이 하는 행동을 따라 할 때 발생하는 효과"

"강남에 고급 공무원이 많이 산다고 하더군, 그들이 정보를 많이 알겠지"
"강남에는 부자들이 많이 살잖아, 그들이 괜히 거기 살겠어! 다 이유가 있을 거야"

강남의 재건축을 기간을 연장하는 것보다,
투기꾼들을 잡는 것보다,
보유세를 인상하는 것보다,

더 중요한 것은 사람들의 기대효과와 밴드왜건 효과를 불식시키는 것이 더 중요하지 않을까 생각합니다.

25.

워크 홀릭과 휴식

현대인은 집단 망상에 사로잡혀있다고 하지요.

워크홀릭이 성공의 열쇠이고, 과로 스트레스를 훈장처럼 여기는 것입니다.

휴식은 일의 반대말이 아닙니다.

일하지 않는 것이 휴식이 아니라는 것입니다.

휴식은 일의 생산성을 높이는 일종의 과정입니다.

그래서 휴식은 의도적으로 진지하게 임해야 합니다.

제가 책을 하루에 한 권씩 읽는 가장 큰 이유는 세상은 아는 만큼 보이기 때문입니다.

하루에 8시간 일을 한다면 저는 8시간씩 책을 읽는 것도 중요하다고 생각하는 사람입니다.

그만큼 세상을 보는 눈이 달라지기 때문이지요.
저에게는 다양한 책을 읽는 시간이 휴식이기도 합니다. 재미있으니까요. 그리고 일과는 완전히 동떨어진 지식을 접하니까요. (심리학, 인문학 등등)

여러분이 잘 못 느끼시겠지만 절대로 성공을 이룬 사람들은 그만큼 휴식을 잘하는 사람입니다.

휴식이 생산성을 높이는데 절대적인 기여를 하고, 그 생산성이 성공으로 이루어지기 때문입니다.

현대인은 스트레스와 과로를 명예훈장으로 생각하고 자신이 얼마나 잠을 적게 자는지, 휴가를 얼마나 적게 사용하는지 자랑하며 워크 홀릭이라는 수식어를 대단한 자랑으로 여깁니다.

이것은 절대적인 잘못입니다. 워크홀릭은 우수한 사람이 될 수는 있어도

25. • 워크 홀릭과 휴식

위대한 사람이 될 수는 결코 없지요.

　명심하세요, 업무에 집중해야 하는 이유는 휴식 시간을 만들기 위해서입니다.
　휴식 시간 없이 업무에 매달리는 것은 잘못된 것입니다.
　휴식을 취하는 이유는 업무에 더 좋은 생산성을 부여하기 위해서입니다.

　쉬는 것을 두려워하는 사람은 결코 성취를 이룰 수 없는 듯합니다.

26.

멘토의 조건

1. 행복하게 성공한 사람
성공한 사람은 많아도 힘겹고 불행하게 산 사람보다 행복하게 성공한 사람

2. 균형 있는 삶
물질과 마음, 이성과 감정, 기술과 자연, 인문과 경제 등 삶의 여러 영역에서 균형을 이룬 사람

일에만 몰두하고 가정을 등한시 한 사람은 아무리 뛰어난 업적을 이루어도 멘토로서 부족한 사람

3. 실패를 통해 배운 사람

실패를 통해 거듭난 사람은 자기 자신을 훌륭하게 성장시킬 줄 안다.
엘리트는 왜 실패하는지를 모르고 극복하는 방법을 모른다.

4. 겸손한 사람

사람들을 경시하지 않고 성공에 자만하지 않으며, 자기와 타인의 의견이 틀린 것이 아닌 다른 것을 인정할 줄 아는 사람

5. 대인관계

덕은 외롭지 않으며 반드시 이웃이 있고 선행을 쌓는 자는 반드시 좋은 일이 있다.

덕불고 필유린(德不孤 必有隣)
적선지가 필유여경(積善之家 必有餘慶)
이런 사람이 타인을 도울 수 있다.

저도 위와 같은 멘토가 되려고 노력합니다.

27.

다른 것과, 틀린 것

우리나라에 가장 필요한 것이 아닌가 합니다.
우리는 우리와 의견이 맞지 않는 경우에 그 사람을 틀렸다고 말합니다.

하지만 그 사람이 틀린 것이 아니라 우리와 다른 것이지요.

다름을 인정하고 있는 그대로 받아들일 줄 알아야 성숙한 사회라고 하지요.

나만이 옳고 나와 다른 생각을 가진 사람은 모두 틀렸다고 주장하면 사회는 분열과 정쟁만 존재합니다.
세대 간에, 불평등에, 소득 차이에, 정치에 대해서 내가 옳고 네가 틀렸다는 주장보다는 너와 내가 서로 다른 생각을 가지고 있다는 자세가 정말 중요할 듯 합니다.

세상은 오늘 옳은 것이 내일 틀릴 수도 있고, 내가 미처 알지 못하는 사실도 많습니다.
시행착오의 연속이지만 틀렸다고 하면 돌이키기가 쉽지 않습니다.

28.

셀카와 인문학

우리는 인스타그램 등 자기가 자신을 찍고 일상생활을 SNS에 올리는 것은 이제 일상화되었지요. 정신 분석학자들은 이를 나르시즘이라고 표현입니다.

selfie narcissism을 정신분석학계에서는 자기애성 성격장애라고 표현하지요.

그렇다고 정신병자라는 이야기는 결코 아닙니다.

"인간은 타인에게 의존성을 보이지만 나르시즘에 빠진 사람은 누구의 시선도 의존하지 않고 오직 자신만 바라본다는 것이지요"

실제로 SNS를 분석한 결과 과시적 자기애 성향이 높을수록 셀피 포스팅 빈도가 높다고 합니다.

이는 사용자가 자기애 성향이 높을수록 더 자주 프로필 사진을 업데이트 하였고 자신의 프로필 사진에 대해서도 매우 긍정적인 평가를 한다는 것을 의미합니다.

수많은 SNS에 올라오는 자기 사진은 스스로 나르시즘에 빠진 결과라고 합니다.

29.

죽을 때 가장 후회하는 것

스티브 잡스의 유언은 다음과 같다고 합니다.

돈과 명예를 위해 치열하게 살아온 삶 속에
아름다운 추억이 단 하나도 없네요.
여러분 아름다운 추억을 만드는 삶을 살도록 하세요.

호주의 브로니웨어가 쓴 "죽을 때 가장 후회하는 5가지 [The Top Five Regrets of the Dying]"이라는 책에 나온 말이 기억에 남습니다.

이 책의 저자도 저와 같은 금융인이었지요.
10년을 금융인으로 살고, 이후에 일상에서 탈출하고 싶어 회사를 그만둔

후, 열대섬으로 가서 리조트, 각데일바, 그리고 영국으로 와서 입주 간병인을 하였습니다.

생을 마감하는 많은 사람과 대화를 나눈 후 그녀는 대부분의 사람이 비슷한 것을 후회한다는 것을 알고 그것을 책으로 출판합니다.

1. 다른 사람이 아닌 내가 원하는 삶을 살았다면
2. 내가 그렇게 열심히 일하지 않았더라면
3. 내 감정을 표현할 용기가 있었더라면
4. 친구들과 계속 연락하고 지냈더라면
5. 나 자신에게 더 많은 행복을 허락했더라면

그녀의 말은 마지막 순간 사람들이 가장 후회하는 것은 "내가 못 번 돈을 후회하는 것이 아니라, 못 살아본 시간을 후회한다." 입니다.

30.

반지, 면사포, 들러리의 유래

결혼 예물인 반지, 그리고 면사포, 들러리의 유래를 혹시 아시나요?

씨족 사회인 원시사회에서는 근친혼을 금지했다고 하지요.

그래서 소위 말하는 약탈혼이 발생했다고 합니다.

근처의 다른 부족이나, 집안에서 여자를 훔쳐 와서 결혼하는 여성의 면사포는 바로 여자를 보자기 싸서 데려오는 그물을 나타내고, 반지는 데려와서 잡아두는 족쇄를 그리고 들러리 들은 여자를 훔쳐올 때 망을 봐주고 도와주는 사람들로부터 유래했다고 하지요.

맞는 이야기인지는 저도 잘 모르겠습니다. 다만 책에서 읽은 이야기입니다.

하지만 이후에 이런 약탈혼은 많은 갈등을 초래했기에 없어지고, 매매혼이 성행 했다고 하지요.

매매혼이 성행하면서 이후에 변한 것은 여자들이 남자의 성을 따라가게 되었다고 합니다.
즉 신부 측에 지참금을 주고 여자를 매매하고 오기에 남자의 소유물이 되었기에 남자의 성을 따라가게 되었다고 합니다.

많은 분들이 성스럽고 아름다운 결혼의 유래에 대해서 거부감이 있겠지만 인간은 원래 진화를 거듭하다 보니 이런 풍습이 자연스러웠을 겁니다.

31.

1만 시간의 법칙

말콤 글래드웰의 『아웃라이어』를 통해 대중화된 심리학 연구에 따르면, 전문 기술 습득은 선천적인 재능이 아니라 약 1만 시간에 달하는 많은 연습량에 달려 있다고 합니다. 전문가는 많은 연습 외에도 훈련이나 장비 등 다른 이들보다 더 유리한 선상에서 출발할 수 있게 해주는 자원을 이용한다고 글래드웰은 말합니다.

그런데 체스처럼 규칙 변경이 드문 게임의 경우 연습량을 통해 성과를 예측할 수 있기는 하지만 우리가 생각하는 것보다는 영향이 적다고 합니다. 음악과 스포츠 분야에서는 그보다 영향력이 더 낮아서, 각각 성과의 21%와 18%에만 영향을 미쳤고. 이 연구는 규칙에 얽매이지 않고 빠르게 변화하는 분야에서 더 괄목할 만한 결과를 내놓는다고 합니다. 교육 분야의 경우에는 연습이 성과에 미치는 영향이 고작 4%였고. 보험 판매, 컴퓨터 프로그래밍, 항공기 조종 같은 직업 분야(스포츠나 음악은 제외하고)에서는 그 수치가 더욱 낮아져서 1%가 채 안 된다고 합니다.

이유를 알아보기 위한 연구를 진행한 결과 다음과 같은 결론을 얻었지요.

예측 가능성이 가장 높은 분야에서는 연습이 성과에 24% 정도 영향을 미치지만, 예측 가능성이 중간 정도인 분야에서는 이 수치가 12%로 감소하고, 예측 가능성이 낮은 분야에서는 겨우 4%밖에 안 된다는 것을 알았습니다.

즉, "상황을 예측하기 어려워질수록 연습한다고 해서 반드시 완벽해지는 것은 아니다."라는 것이지요.

심리학자 필 테틀록Phil Tetlock은 20년에 걸쳐 민주주의와 자본주의로의 전환, 경제 성장, 국가 간 폭력, 핵 확산 등 우리 시대가 직면한 가장 중요한 정치적 문제에 대한 예측을 했는데, 그는 텔레비전과 신문에 정기적으로 출연하고, 여러 정부와 기업에 이 문제들을 자문해주는 전문가들을 추적했습니다.

이 전문가들이 거둔 성과를 기록해본 그는 놀라운 결과를 발견했는데. 미래의 사건을 예측할 때 전문가가 이룬 성과가 일반인보다 뛰어나지 않았던 것이지요.

전문가의 직업적 배경과 지위는 거의 아무런 차이도 만들지 못했다고 합니다.

다만 성과가 가장 뛰어난 이들은 한 가지 중요한 차이가 있었는데, 사소한 일들을 많이 알고 다양한 시각에서 결론을 얻을 줄 아는 사람이 한 가지 대단한 사실에 대해 아주 잘 아는 사람보다 항상 뛰어난 성과를 올렸다는 것입니다.

다양한 경험의 힘을 믿는 '스트레처(현재 자신이 가진 것에서 최대한의 능력을 이끌어내는 사람)'의 유연성 그 열쇠는 바로 다양한 경험이라는 것입니다.

외부인들은 한정된 경험을 가진 전문가가 보지 못하는 방식으로 새로운 문제와 기회를 바라본다는 것이지요.

저는 금융인들에게도 이런 현상이 있는 것을 발견하곤 합니다.
배우고 알고 있는 메뉴얼 만을 현실에 적용하다 보니, 실제로 문제해결 능력이 떨어지는 것이지요.

다양한 정보를 접하고 책을 통한 다양한 분야의 지식을 가지지 않으면서 해온 일만 반복하는 사람은 결코 유능한 사람이라고 할 수 없는 것이지요.
자기가 해온 일 이외에 다른 일을 하는 능력이 떨어지니까요.

32.

부동산과 게임이론

게임이론은 경제학에서 중요한 한 부분을 차지합니다. 2000년대 이후 노벨경제학상을 받은 대부분의 사람들이 게임이론 전공자라는 것만 보아도 알 수 있지요.

1944년 천재 수학자 존 폰 노이만이 게임이론과 경제 행동을 출간한 이후 발전해 왔습니다.

그러면 경제학의 게임이론이 부동산 금융에 어떻게 적용되는지 설명하지요.

죄수의 딜레마

죄수의 딜레마는 두 명의 범죄자가 있는데, 검사가 확보한 증거로는 둘 다 모두 1년의 구형밖에는 할 수 없습니다. 이때 두 범죄자의 자백을 받으면 최고 5년의 중형을 선고할 수 있습니다.

이때 검사는 둘을 분리해서 각각 다음과 같이 설득합니다.

"다른 한 사람이 자백을 하면 그는 석방되고 너는 9년을 살아야 한다"

그러면 죄수들은 고민을 하게 되고 자기가 자백을 하지 않아도 상대방이 먼저 자백하면 자기는 위증죄가 포함되어 9년을 감방에서 살아야 한다는 것을 고민하지요.

결국 둘 다 자백을 하고 그 결과 둘 다 5년의 구형을 받습니다.

부동산에서 도시계획정비사업은 사람 수, 토지확보가 60%, 80% 이상이어야 하지요. 이때 마지막 커트라인을 넘기기 위해 두 사람이 남았다고 가정합니다.

현재 시행사가 제안한 가격은 5억원이고, 토지를 수용할 경우 2억원, 토지주가 원하는 가격은 8억원이라고 하면 시행사는 두 사람에게 다음과 같이 말할 수 있습니다.

"다른 사람이 만일 나와 협상을 해서 5억원에 협상을 하면 당신의 토지는 수용되고 수용가격은 2억원이다"

서로 모르는 두 사람이면 만일 한 명이 5억원을 승낙하면 자기는 토지가 수용되어 2억원만 받게 되지요.

이것이 바로 죄수의 딜레마 입니다.

내시 균형

1994년 노벨상을 수상한 존 내시가 발견한 게임이론입니다.

그의 자서전 적인 영화 "뷰티풀 마인드"에서 내시와 그의 동료 5명은 바에 갑니다. 그때 바에는 5명의 여자들이 있었는데, 그 중 한 명이 금발의 미인이었습니다.

내시는 이렇게 말하지요.
"우리가 금발을 쟁취하려고 싸우다 보면 아무도 그녀를 얻지 못해, 나머지 4명에게 집중하면 그들은 꿩 대신 닭 취급 받는다고 매몰차게 거절할 거야. 그러니 우리 5명 모두 1명을 선택하려 싸우지 말고 모두를 위해 5명이 같이 놀자!"
"애덤 스미스는 최고의 이익은 개개인이 집단 안에서 자신의 이익을 위해 최선을 다하는 것이라고 했지. 애덤 스미스는 틀렸어, 자신의 이익은 물론 소속된 집단의 이익을 위해서도 최선을 다해야 하는 거야"

시장 경제학에서는 다음과 같은 예가 있습니다.
시장에서 과점을 행사하는 두 개의 기업이 있는 경우, 만일 이 두 개의 기업이 협력하면 독점의 시장을 누릴 수 있지만, 서로 경쟁하면 손해만 입지요.

부동산에서는 시행사, 시공사, 분양대행사, 설계사, 회계사 등 모두의 목표를 위해서 사업을 진행해야지, 단 한 사람의 과다한 이익을 위해서 진행하면 사업은 결코 성공할 수 없습니다.

나의 목표가 아닌 우리의 목표여야 하지요.

신빙성 있는 위협

영화 대부에서 양아들의 영화배우 등용을 위해 영화 제작자를 설득하다가 안 되니, 영화제작자가 가장 아끼는 말의 머리를 잘라서 침대에 놓아둡니다.

바로 "거절하지 못하는 제안" 이것이 신빙성 있는 위협입니다.

양보하지 않으면 둘 다 파멸하는 치킨게임의 한 종류가 영화 "웨스트사이드 스토리" 나오는 두 차가 마주 달려오고 한쪽이 피하면 결국 패자가 되는 게임이지요. 이때 상대가 핸들과 자기의 손을 쇠사슬로 묶어서 자기가 핸들을 움직일 수 없음을 상대에게 보여 줍니다.

이는 상대에게 나는 결코 핸들을 틀어서 회피하지 않을 것을 보여주는 신빙성 있는 위협이지요.

명품 에르메스는 자해 협박 신빙성 있는 위협으로 유명합니다. 어떤 한 경우에도 재고 세일을 하지 않는 에르메스는 재고가 남자, 해당 구청에 감독관 파견을 요청하고 소방서를 불러서 남은 재고를 모두 소각시킵니다. 2007년 5월 15일 안산시에 있는 부경산업 소각장에서 실제 있었던 일입니다. 1997년 이후 5번째 재고 소각 행사입니다.

이는 잠재고객에게 제품을 사지 않고 세일을 기다리는 것은 명백한 오류라고 과시하는 신빙성 있는 위협입니다.

부동산에도 협상을 질질 끄는 상대가 있다면 자기는 절대 원칙을 바꾸지 않을 것이라는 신빙성 있는 위협을 보여주어야 합니다.

맹약의 문제

맹약 수단은 신빙성 있는 위협이나 약속이 상대방에게 확실히 인식되게 하는 말이나 행동을 뜻합니다.

중국의 고사 성서 "破釜沈舟"(파부침주)가 있지요. 진나라를 치기 위하여 항우가 강을 건너자마자 가마솥과 배를 침몰 시킵니다. 이제 병사들은 싸워서 이기지 못하면 살아나갈 수가 없는 것이지요.

부동산에서 상대는 항상 협상을 하면 상대가 응하고 설득될 수 있다는 생각을 합니다. 그런 때 상대에게 강력한 맹약의 수단을 보여주어 더 이상 협상에 끌려 다니지 말아야 하지요.

게임이론에서 맹약의 문제는 대개 자신의 이익과 일치하지 않는 방식으로 행동하는 것을 약속함으로써 상대로 하여금 더 자기에게 유리한 선택을 이끌어 내게 합니다.

위치적 군비 경쟁

냉전시대 두 나라가 경쟁적 군비경쟁을 벌였습니다. 그 결과 두 나라는 경제적 위기를 맞이하게 되지요. 하버드의 공부벌레에서 학생들은 킹스필드의 학점을 받기 위하여 경쟁을 합니다. 하지만 내가 성적이 좋아지면 누군가는 나빠져야 합니다.

바로 절대평가가 아닌 상대평가의 결과물이지요.

우리의 자본주의 사회에서도 누군가가 돈을 벌면 누군가는 돈을 잃어야만 합니다. 바로 상대 위치적 군비 경쟁입니다.

하지만 소모적인 위치적 군비 경쟁은 모두에게 막심한 피해를 가져옵니다.

부동산에서 토지를 놓고 두 시행사에게 가격 경쟁을 하거나, 한 시행사업을 위해 두 증권사가 소모적 경쟁을 하거나, 모두 승자 없는 패자만 있을 뿐이지요.

호혜성 이타주의

고전 경제학에서는 인간을 항상 합리적인 선택만을 하는 것으로 간주합니다. 하지만 인간은 신이 아니기에 합리적인 선택만을 하는 것이 아니어서 투매, 투기 등을 하여 경제 위기를 초래하지요. 인간의 이런 심리적인 상황을 파악하는 것이 경제학을 올바르게 이해 할 수 있다는 학문이 행동경제학입니다.

진화 생물학과 게임이론에서는 무리를 지어 다니는 이유를 이렇게 설명합니다.

"한 명이 사냥에 성공할 확률이 3%라면 이 사람은 혼자인 경우 100일 중 97일 굶어야 한다. 무리를 이루면 자기가 성공했을 때 먹는 것이 줄어들어도 굶어야 하는 날은 급격히 줄어든다. 즉, 자기의 이익을 최소화하면서 성공 확률을 높이는 것이 무리를 이루게 된 주요 원인이다"

그래서 최근 경제학에서는 경제적 인간 대신 호혜적 인간이라는 말을 사용합니다.
즉, 지금 당장은 아니더라도 미래의 언젠가 보답을 기대하여 남에게 도움을 주는 것입니다.

부동산 금융의 바이블 전편이 여러분에게 주로 금융의 기술적인 부분을 강의했다면 앞으로는 부동산 금융의 심리학을 강의하려고 합니다.
부동산도 결국 사람과의 비즈니스가 중요하므로 심리학을 모르면 성공하기가 어렵습니다.

33.
은하철도 999

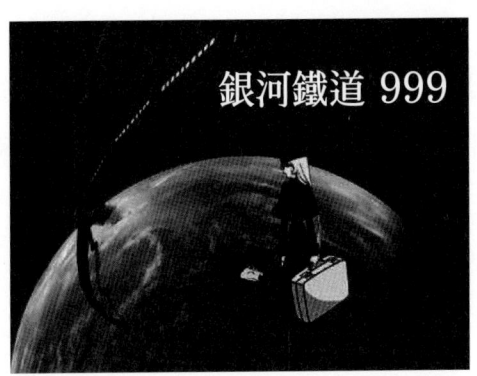

여러분은 은하철도 999의 원작을 알고 계시나요

미야자와 겐지가 쓴 가족을 사랑하는 소년 조반니와 친구 캄파넬라의 은

하수 여행기 "은하철도의 밤"이라는 책입니다.

미야자와 겐지라는 분은 일본의 농촌 마을에 부잣집 아들로 태어났지요
아버지는 전당포를 운영했습니다.
"아버지 저는 가난한 농민을 이용하는 사업은 하고 싶지 않습니다"
하고 집을 뛰쳐나와 농고 교사가 됩니다.

이후에 다양한 농림 재배, 그리고 농민들을 위한 화보집을 만들었습니다.
그런데 농민들은 다음과 같이 말하지요.

"부잣집 아드님 꽃으로는 책으로는 밥을 지을 수가 없습니다"
"이제 그만하세요, 아무리 애써도 혼자서는 세상을 바꿀 수 없습니다"

이분에게 유일한 후원자가 있었습니다.
바로 여동생 토시였지요. 하지만 결핵으로 일찍 죽고 맙니다.

그리고 미야자와 겐지라는 분도 37세에 폐결핵으로 유명을 달리하십니다.

이후에 친구들이 이분의 유품을 정리하면서 농민들에게 웃음과 기쁨을 주고자 쓴 수많은 출판되지 않은 동화집을 발견합니다.

조바니와 캄파넬라가 은하철도를 타고 은하수를 여행하면서 만나는 수많은 사람들의 이야기였지요.

바로 은하철도 999의 전신인 은하철도의 밤이었습니다.

욕심은 없고
결코 성내지 않으며
언제나 조용히 웃고 있어

남쪽에서 죽어가는 사람 있으면
가서 겁내지 말라고 일러주고
북쪽에서 싸움이나 송사가 있으면
부질 없는 짓이니 그만두라 말하고

모두에게 멍청이라 불리고
칭찬도 듣지 않고
골칫거리도 되지 않는
그런 인간이 되고 싶다.

혼자서는 세상을 바꿀 수 없다고?

아니야! 틀렸어 결코 혼자가 아니야

-미야자와 겐지로-

이 각박한 세상에 남을 위해 희생하며 꿋꿋하게 살아가는 많은 분들에게 작으나마 성원을 보냅니다.

34.

부동산과 소유효과

혹시 여러분들은 경제학에서 소유효과라는 것을 들어보신 적이 있으신지요. 행동경제학에서 나오는 용어로 올해 노벨경제학상을 수상한 리처드 탈러 ((Richard Thaler)의 실험으로도 유명한 말입니다.

제가 회사와 파트너십으로 일하는 분양대행사가 한군데 있습니다.

이 회사의 대표는 제가 봐도 전략가이고 그런 전략가가 운영하는 회사라 상위 랭킹에 있는 듯 합니다.

이 회사는 잔금 유예 정책으로 많은 1군 시공사의 미분양 물건을 해결한 회사입니다.

즉, 수분양자에게 잔금 대출을 서명하게 하고 이자는 시공사가 부담하여 결국 잔금 유예의 효과를 제공하는 것이지요.

또는 일단 살아보고 나중에 잔금을 지불하는 애프터리빙제도 이와 비슷한 전략입니다.

그런데 해당 회사의 대표에 의하면 몇 년 전 이 정책을 시행했을 때, 악성 미분양 몇 천세대가 모두 해소되었다고 합니다.

경제학적으로 이유를 어떻게 설명할 수 있을까요?

행동경제학자 리처드 탈러(Richard Thaler)와 대니얼 카너먼(Daniel Kahneman)은 대학생들을 대상으로 소유 효과를 실험하였습니다. 실험진은 한 집단의 학생들에게는 대학 로고가 새겨진 컵을 줬고, 다른 집단의 학생들에게는 현금을 줬습니다.

컵을 받은 집단에게는 그 컵을 얼마에 되팔고 싶어하는지를 물었고, 현금을 받은 집단에게는 컵을 구매하는데 얼마를 지불할 용의가 있는지를 물었습니다.

그 결과 컵을 불과 몇 분이라도 '소유'한 집단은 평균 5.25달러를, 현금을 받은 집단은 2.75달러를 생각했습니다.

이는 즉각적으로 소유물의 가치를 높게 매기는 편향성으로부터 기인한 것이지요. 이러한 편향은 손실 회피성을 구체적으로 드러내는 심리 현상으로 분석된다고 합니다.

손실 회피성은 자신이 이미 소유한 물건을 파는 것은 손실로 지각하며, 물건을 사는 것은 이익으로 느끼는 현상입니다. 손실과 이익의 액수가 같다면 사람들은 손실로 인한 불만족을 이익으로 인한 만족보다 더 크게 지각한다는 것이지요.

소유 효과는 제품의 마케팅이나 판촉 활동에 흔히 쓰입니다. 예를 들어 자동차 구매 결정에 있어 판매자가 먼저 기본 모델 가격을 제시하고 풀 옵션의 가격을 나중에 얘기하는 경우보다, 풀 옵션의 가격을 미리 알려주고 그 이후 기본 모델 가격을 알려주는 경우 구매자의 구입 가격이 더 높게 나타나지요. 이는 구매자가 풀옵션을 이미 자신이 소유한 차의 속성으로 파악하고, 옵션을 제거하는 경우 그에 따른 효용 상실감을 크게 느끼기 때문이라고 합니다.

환불보장제도, 체험 마케팅 역시 소비자가 일단 제품을 사용한 뒤 일종의 소유 효과를 경험하는 것을 바탕으로 실행됩니다. 소비자는 한 번 사용한 제품을 자신의 소유물로 인식하여 계속 사용하게 된다는 것이지요. 주택 시장 역시 소유 효과가 빈번하게 일어납니다.

집을 소유한 사람은 실제 집의 가격보다 더 높은 가치를 매기는 경향이 두드러지며, 심리적 손실감을 피하기 위해 낮은 가격에 집을 판매하는 것을 꺼린 게 됩니다.

그러나 집을 사려는 사람에게는 이와 같은 현상이 나타나지 않으므로 거래가 불발되는 경우가 나타납니다.

따라서 잔금 유예, 애프터리빙과 같은 제도는 일단 소비자에게 소유를 시켜서 이미 소유한 물건을 파는 것은 손실로 지각하게 하여 결국 매수를 하게 하는 전략인 것이지요.

또한 집값이 떨어지지 않는 이유도 소유효과로 설명할 수 있지요. 일단 소유하면 파는 것 자체를 손해 본다고 생각하는 인간의 심리 때문에 집값이 떨어지지 않는 것입니다.

집값의 폭락은 인위적인 것으로 소유효과를 넘어서는 외적인 요인에서만 가능한 것이지요. 금융대란과 같은 외부적인 요인에서만 가능한 것이지요.

35.

인간의 욕구

애브라함 매슬로우는 인간의 욕망에 대하여 다음과 같이 5단계로 나누었지요.

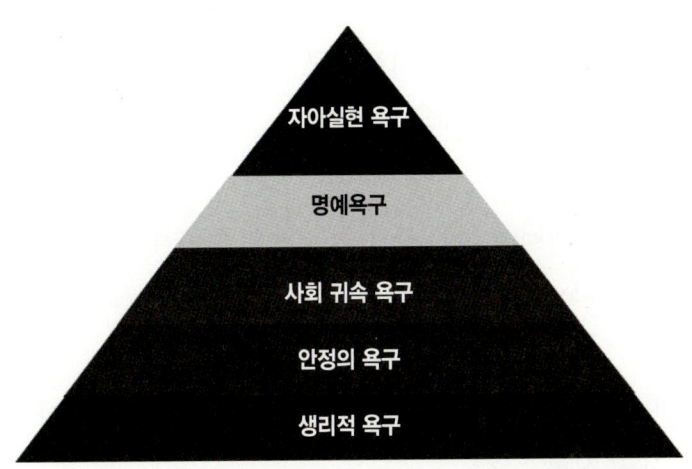

많이 들어보신 머슬로우 인간욕망의 5단계입니다.

조금 복잡하게 설명하면 아래와 같습니다.

1단계. 생리적 욕구(Physiological Needs) : 의식주 욕구
breathing, food, water, sex, sleep, homeostasis, excretion

2단계. 안전 욕구(Safety Needs) : 신체적, 감정적으로 보호되고 싶은 욕구
security of body, of employment, of resources, of morality, of the family, of health, of propery

3단계. 사회귀속 욕구(Belongingingness and Love Needs) : 사회단체 소속, 친분을 쌓는 교제, 이성간의 결혼 등 사회적 욕구
friendship, family, sexual intimacy

4단계. 명예 욕구(Esteem Needs) : 자기존중, 외적 존경 욕구 등 성취 욕구
self-esteem, confidence, achievement, respect of others, respect by others

5단계. 자아실현 욕구(Self-Actualization Needs) : 인격 완성 등의 자아실현 단계로 궁극의 자신 꿈 실현

morality, creativity, spontaneity, problem solving, lack of prejudice, acceptance of facts

아주 쉽게 설명하면 다음과 같지요.

1. 먹고 마시고 자고 싶은 생리적 욕구
2. 안전하게 보호되고 싶은 욕구
3. 사랑하고, 소속감을 느끼고 싶은 욕구
4. 누군가에게 인정받고 싶은 명예 욕구
5. 자아실현을 하고픈 마지막 단계

어떻게 보면 맞는 이야기 인 듯 보입니다.
▶우리는 기본적인 생리욕구를 누구나 가지고 있고
▶호모사피엔스시절부터 맹수로부터 나를 보호하고 싶은 욕구가 있었고
▶모임을 만들고, 가정을 꾸려서 소속감을 느끼고 싶어 하고
▶자신의 열등감을 감추고 자신의 능력을 뽐내서 남들에게 우월함을 인정받고 싶고
▶궁극적으로는 자아실현을 통하여 자기만의 꿈을 이루고자 하는 욕구가 모든 사람에게 존재합니다.

1, 2, 5번은 인간이라면 당연히 가지게 되는 욕구이나 2,3번은 자칫 남에게 피해를 줄 수 있는 욕구라고 생각됩니다.

혼자 힘으로 안되니 소속이 필요하고 무리가 필요하고 그 무리가 남을 배타 시 하고 자신의 모자람을 감추기 위해 틈만 나면 자기의 우월함을 알리고 싶어하는 것 등이 대부분 사람들에게 불편함을 느끼게 하지요.

이런 현상은 본성과도 같아서 자기 자신도 모르게 튀어나오는 것 같습니다.

욕망을 감추는 것은 무척이나 어렵습니다. 감출 수 있다면 어쩌면 달관한 사람인지라 대단한 것이지요.

감출 수는 없고, 없앨 수도 없는 것이 욕망이라면 최소한 남에게 불편함을 주지 않도록 조심을 할 필요는 있겠지요.

가끔은 나의 욕망의 표현이 사람들을 불편하게 만들지는 않는지 한 번쯤 생각해 볼 필요가 있습니다.

보다 나은 자기의 발전을 위해서 말이지요.

36.

부동산에서의 심리학

제가 심리학에서 휴리스틱 & 바이어스라는 말씀을 드린 적이 있습니다.

즉, 자기의 생각을 지나치게 낙관적으로 판단하고(휴리스틱), 그 판단에 긍정적인 근거만 모은 후, 잘못된 결정 (바이어스)을 하는 것을 말합니다.

부동산 투자가들에게 공통적으로 일어나는 3가지 휴리스틱 & 바이어스 심리학이 있다고 하지요.

어떤 것이 있고 어떻게 극복하는 것이 옳은 것인지 설명 드리려고 합니다.

1. 확증 편향

모든 이들이 자기 생각이 맞길 바랍니다. 대부분은 자기 생각이 사실임을 확인시켜주는 정보와 증거를 찾으려고 합니다. 그리고 자기 생각에 배치되는 정보는 제쳐버립니다. 때로는 분명하지 않은 증거라도 자기 생각을 뒷받침하는 데 사용하곤 합니다.

이를 확증 편향(confirmation bias)이라고 부릅니다(다른 말로는 "my-side bias" 또는 "verification bias"라고도 합니다.)

일단 부동산 투자를 하게 되면 자기의 판단이 옳다는 것을 뒷받침하는 근거들을 모으고 긍정적인 판단의 근거로만 오로지 생각합니다.

예를 들어, 강남 사천에 토지를 매입한 투자가가 있습니다. 사천지방의 다른 아파트 분양이 이미 좋은 결과를 나타내었고, 본인도 역시 좋은 결과를 기대하기에 100억원이 넘는 투자를 하였지요.
하지만 부동산은 항상 공급과 수요가 있는데, 공급이 부족할 때의 분양률과 이미 공급이 수요를 지나치게 넘어서는 시점의 분양률은 기대와는 다르게 미분양으로 작용하지요.

그렇다면 확증 편향은 어떻게 극복할 수 있을까요?

우선 우리 뇌는 오로지 자기 신념이 옳다고 확인하도록 프로그래밍 되어 있음을 알아야 합니다. 일단 이 점을 깨닫게 되면, 자신의 생각과 이해에 반하는 정보를 적극적으로 찾아야 합니다. 자신과 반대되는 견해를 찾아, 그 견해를 숙고해 봐야 합니다.

2. 밴드왜건 효과

부동산 투자에 관한 한, "남들이 장에 간다고, 거름지게 지고 따라가지 마라."라는 속담을 생각하는 것이 좋을 것입니다.

사람은 무리를 따라다니는 경향이 있습니다. 우리는 다른 모든 이들이 뭔가를 하고 있다면, 옳은 일이겠거니 하고 생각합니다. 하지만 다른 모든 이들이 그렇게 한다고 해서, 항상 옳은 일이고, 거기에 합리적인 이유가 있는 것은 아닙니다.

이런 밴드왜건 효과(bandwagon effect)는 스스로 합리적이고 객관적인 결정을 내리지 않고, 다른 사람들이 하는 일을 할 때 일어납니다.

군중 행동은 또한 전 세계에 부동산 거품을 일으킵니다. 태국과 홍콩에서부터 뉴욕과 런던에 이르기까지, 부동산 시장에 밀려드는 매수 대기자들로 인해 부동산 가격이 급등했습니다.

밴드왜건 효과는 특정 투자 대상에 대해 우리 판단을 흐리게 하고, 투자 대상을 분석할 때 명확한 사고를 방해합니다. 스스로 숙고해보지도 않고, 부풀려진 부동산 시장의 군중을 따라다니다 보면, 거품이 꺼질 때 불행한 결과를 맞이할 가능성이 높습니다.

최고의 투자 결정은 군중과 반대로 하는 경우일 수 있습니다. 흔히 역발상 투자라고 하죠. 군중이 비관적일 때 매수에 들어가고, 다른 모든 이들이 낙관적일 때 매도에 나서는 겁니다.

대부분이 공포에 떨 때 매수하고, 대부분이 밴드왜건에 올라타 가격이 상승하고 있을 때 매도하는 일은 아주 어렵습니다. 하지만 장기적으로 엄청난 보상을 안겨줄 것입니다.

군중의 일부가 되지 않도록 노력하십시오. 주위의 모든 이들이 부동산 이야기를 입에 올리고, 언론이 지나치게 낙관적인 뉴스를 내놓고 있다면, 반대의 경우를 생각해보고, 보수적인 시각을 갖는 것이 바람직한 자세입니다.

위에서 언급한 속담처럼, 다른 모든 이들이 그렇게 하고 있다고 해서, 꼭 그것이 현명한 일이라는 뜻은 아닙니다.

하지만 군중 심리의 근본은 남들이 하는 것을 따라 하면 본전은 간다는 마음과 누군가가 했으니, 나도 해도 된다는 마음의 위안이 근본 기저에 있습니다. 심지어 케인즈와 같은 대학자도 주식은 미인대회 선발이므로 나의 눈에 좋은 종목보다 남들이 보기에 좋은 종목을 선택하여야 한다고 했지요. 하지만 남들이 사고 싶은 종목을 먼저 사고, 남들이 살 때 팔고 나와야 하는 점도 잊지 말아야 합니다.

3. 시어서커 환상

모든 시장이 그렇듯이, 부동산 시장에도 훌륭한 조언과 지침을 알려줄 수 있는 많은 전문가가 있습니다. 하지만 "전문가"에게 너무 의존하게 되면, 때로 맹목적인 투자만큼이나 나쁠 수 있습니다. 왜냐하면 누구도, 전문가라 해도, 항상 또는 대부분에서 옳을 수는 없는 노릇이기 때문입니다.

전문가에 대한 과도한 의존을 시어서커 환상(seersucker illusion)이라고 합니다. "모든 예언자(seer)마다 속아주는 사람(sucker)이 있다."이라는 말에서 나온 것입니다. 부동산 시장에서 투자자는 부동산 중개인과 감정평가사와 가장 자주 만나게 됩니다.

하지만 감정평가사들 또한 인지 편향에 빠질 수 있음을 기억해야 합니다. 그리고 이해관계의 상충이라는 문제도 있습니다.

예를 들어, 부동산 중개업자는 거래를 오래 끄는 것보다 빨리 계약을 해야 이익이므로, 낮은 가격이라도 받아들이라고 설득에 나설 수도 있습니다.

투자에서는 스스로 생각해 보고, 전문가에게 너무 의존하지 않는 것이 중요합니다. 특히 부동산 같은 예측할 수 없는 분야에서는 더 그렇습니다.

부동산의 전문가라는 것은 일반인이 보기에는 예측을 잘하는 사람으로 여깁니다.
하지만 정책, 금리, 공급과 수요를 예측하는 것은 사실상 불가능합니다. 경향만 파악할 수 있지요.
또한 시장의 반응을 정확히 예측하는 전문가라는 것은 사실상 없습니다.

그러므로 잘 속는 사람이 되어서는 안 됩니다. 믿고 존경하는 사람에게 좋은 조언을 얻는 것은 좋습니다. 하지만 그 조언을 그냥 따르는 대신 여기에 자신의 의견을 가미해야 스스로의 생각을 세워야 합니다. 전문가의 조언을 구하더라도, 단 한 명이 아닌 전문가 여럿의 조언을 취합하는 것이 좋고, 특히 서로 다른 견해를 가진 전문가를 포함시키는 것이 바람직한 일입니다.

항상 말은 쉽지만, 인간의 본능이라는 것은 말보다는 행동으로 스스로 작동하다 보니 아무리 좋은 조언도 그대로 이행하기가 쉽지 않은 것이 사실입니다.

하지만 어떤 투자를 할 때 한번은 다시 생각해보는 여유를 갖는 것이 중요합니다.

37.

판단 오류의 늪

영화 "뷰티플 마인드"의 실제 주인공인 존내쉬를 알고 계신가요. 게임이론 등 저의 강의록에서도 몇 번 다룬 적이 있습니다.

2차 세계대전에는 독일군 암호를 해독해서 결정적인 역할을 했고, 게임 이론으로 노벨경제학상을 수상한 분이지요.

1959년이 시작되면서 존 내시(John Nash)의 상태가 나빠졌습니다. 정신 분열증을 앓기 시작한 것이죠.

처음에는 자동차 번호판에서 패턴을 찾을 수 있다는 농담을 던지기 시작하더니, 외계인이 뉴욕 타임스 기사를 통해 자신에게 메시지를 보낸다고 믿는 지경에 이르렀습니다. 또한 보스턴에 사는 남자들이 점점 더 많이 빨간 넥타이를 매고 다닌다고 확신하기까지 했습니다. 있지도 않은 패턴이 있다고 생각한 것입니다.

모든 국가의 국민들 중 약 1%가 정신 분열증을 앓고 있다고 합니다. 왜 그런지는 아직 밝혀지지 않았지만, 이들의 일반적인 증상은 아무 관련이 없는 곳에서 패턴을 본다는 것입니다(전문 용어로 아포페니아(Apophenia)라고 합니다).

내쉬는 1995년 말 정신 분열증에서 벗어난 후, 과거에 자신이 왜 그렇게 많은 비논리적인 것들을 믿게 되었는지 질문을 받았습니다. 내쉬의 답변에는 인간이 패턴을 인식하는 방법에 대한 진실이 담겨있습니다:

"수학적 개념이 떠올랐을 때와 같은 식으로 초자연적 존재에 대한 개념이 떠오르곤 했습니다. 때문에 진지하게 여긴 것이죠."

지구상의 다른 모든 인간들이 갖고 태어난 문제라고 하지요. 우리 인간은 절대 패턴 인식에 능하지 않다는 것입니다. 존 내시가 자신이 본 가짜 패턴과 현실을 구별할 수 없었던 것처럼, 우리는 신호와 잡음의 차이를 쉽게 알 수 없습니다.

그렇다고 해서 삶을 살아가는데 지장이 생기지 않고, 굳이 확률적으로 생각하려고 애쓸 필요도 없지만, 현대 사회는 아주 빠르게 변하고 있기 때문에 문제가 될 수 있습니다.

인간이 기본적으로 휴리스틱 & 바이어스 경향이 크다는 것은 제가 여러 번 강조한 적이 있습니다.
너무 긍정적으로 생각하려고(휴리스틱) 하고 그로 인해 잘못된 판단(바이어스)으로 행동을 한다는 것이지요.

휴리스틱한 생각에 강력한 근거가 바로 패턴인식이라고 하지요.
자기의 결정이 옳다고 생각하는 근거를 일종의 패턴으로 합리화 하는 경향이 있다는 것입니다.

예를 들어, 고대 원시인들은 한 동굴에서 세 번이나 호랑이를 보게 되면, 다음번에는 그 근처에 얼씬도 하지 않았을 겁니다. 오늘날에 와서, 어떤 펀드가 3번 연속으로 좋은 성과를 올렸다면, 특별한 재주(패턴인식)가 있다고 생각해서 돈이 몰립니다. 시대는 다르지만, 인간이 생각하는 방식은 비슷합니다.

이런 사고방식이 투자자에게 문제가 되는 이유는 무작위 이상도 이하도 아닌 곳에서 패턴이 있다고 생각하면서 이를 바탕으로 투자 결정을 내릴 수 있기 때문입니다. 많은 투자자들이 최근 실적이 가장 좋은 펀드나 부문에 투자

하는 경향이 있습니다. 실적을 따라다니는 것이죠. 하지만 이런 방식으로 투자하면 오히려 장기적으로 투자 성과가 나빠진다는 수많은 연구가 있습니다.

무작위에도 어느 정도의 패턴은 있다는 점을 많은 투자자들이 잊고 있습니다. 실제, 영국 수학자 프랭크 P. 램지(Frank P. Ramsey)는 어떤 시스템을 아무리 복잡하고 어지럽게 만들더라도, 규모가 커지게 되면 공통점이 나타나게 되어 있다는 사실을 수학적으로 입증한 바 있습니다. 이를 램지 정리라고 부르는데, 무작위 속에도 패턴이 존재하는 이유를 설명해 줍니다.

실제 그런지 아래와 같이 10차례의 동전 던지기 결과를 보고 생각해 보죠.

1. 앞 앞 앞 앞 앞 앞 앞 앞 앞
2. 앞 뒤 뒤 앞 앞 뒤 앞 앞 뒤 앞

어떤 결과가 나올 확률이 더 높을까요?
통계를 공부해본 분들이라면 속임수가 들어 있는 문제라는 걸 아실 겁니다. 두 결과가 나올 확률은 같으니까요. 그렇지 않다고 생각하는 분들도 있을 겁니다. 이것이 이 글의 요점입니다.

결과 2가 결과 1보다 더 무작위 하다고 보는 게 맞아 보입니다. 결과 2에 패턴이 없어 보이기 때문입니다. 어쨌든 누군가가 눈앞에서 동전 던지기를 해 10번 모두 앞면이 나오게 한다면, 사기 동전이 아닌가 하는 생각이 들 것입니다. 그렇지 않겠습니까? 하지만, 결과 1과 2가 나올 확률은 1,024분의 1로 같습니다.

우리가 투자 과정에서 내리게 되는 수많은 결정들이 무작위일 수밖에 없는 시장에서 그저 작은 패턴을 기준 삼아 내려질 수 있다는 것입니다.

여기다 최신 편향(recency bias; 가장 최근의 정보에 과도한 의미를 부여하는 경향)이 합세하게 되면, 잠깐 나타난 패턴이 투자 결정에 영향을 미칠 수 있습니다.

따라서 투자 결정을 내리기에 앞서, 그 결정을 내리게 된 원인이 확률적으로 어떤 의미가 있는지 먼저 생각해 보길 바랍니다.

이런 투자를 하는 사람일수록 소위 말하는 몰빵 투자를 하지요. 아무런 리스크 헷징을 하지 않습니다.

"세 번 실패했으니 이제 성공할 때가 되었다"
"삼세판이라고 했으니 이제 될 것이다"
"남들도 하니 분명 무엇인가 있다"
"요즈음 이것이 대세다"

37. • 판단 오류의 늪

38.
부동산 시행업과 기대이론

부동산이던, 주식이던, 사람들은 이익을 얻으려고 합니다. 그런데 이런 이익을 얻으려고 하는 것에 심리적인 함정이 존재합니다.

그래서 어떤 함정이 존재하고 부동산 사업의 수익 가치를 따질 때 어떤 태도를 취해야 하는지를 설명 드리고자 합니다.

〈질문1〉

40억 원을 얻을 확률이 80%인 시행업 A와 30억 원을 얻을 확률이 100%인 시행업 B 중에서 하나를 선택하라고 했습니다. 기대이익만을 놓고 본다면 시행업 A는 32억 원이고 시행업 B는 30억 원이기 때문에 당연히 시행업 A를 선택해야 하지만 왜 80%의 사람들은 시행업 B를 선택할까요?

〈질문2〉

50억원의 자기자본을 가진 시행업자가 40억원을 잃을 확률이 80%인 시행업 A와 30억 원을 잃을 확률이 100%인 시행 B 중에서 하나를 선택하라고 했습니다. 기대손실만을 놓고 본다면 시행업A는 32억 원이고 시행업 B는 30억 원이기 때문에 당연히 시행업 B를 선택해야 하지만 왜 92%의 사람들은 시행업 A를 선택할까요?

1979년 대니얼 카너먼(Kahneman)과 트버스키(Tversky)는 기존 주류 경제학의 효용함수와는 다른 새로운 가치함수(value function)인 프로스펙트 이론(prospect theory)을 발표했습니다. 이 이론으로 심리학자였던 카너먼은 2002년 노벨 경제학상을 수상했지요.

프로스펙트 이론은 준거 의존성(reference dependency), 민감도 체감성(diminishing sensitivity), 손실 회피성(loss aversion)을 특징으로 하는 새로운 가치함수라 할 수 있습니다.

먼저 준거 의존성은 사람들이 절대적인 변화보다는 상대적인 변화에 민감하기 때문에 어느 것을 준거점(reference point 기준점)으로 삼느냐에 따라 대상에 대한 평가가 달라지는 것을 말합니다. 예를 들어 연봉이 3,800만 원인 사람과 3,000만 원인 사람 중에 누가 더 행복할 것 같은지 물으면 당연히 연봉이 3,800만 원인 사람이 더 행복하다고 말합니다. 그렇지만 전년 연봉이 각각 4,000만 원과 2,800만 원이었다는 전제가 붙는다면 연봉 3800만 원보다 연봉 3,000만 원인 사람이 더 행복하다고 말할 수 있지요. 왜냐하면 4,000만원은 200만원이 삭감된 것이고, 3,000만원은 200만원이 오른 것이니까요. 이것이 바로 준거 의존성입니다.

민감도 체감성은 한계효용체감의 법칙처럼 가치함수의 기울기가 점점 완만해지는 것으로 이익이나 손실의 액수가 커짐에 따라 변화에 따른 민감도가 감소하는 것을 말합니다.
즉 제품 가격이 3만 원에서 3만3,000원으로 인상된 경우와 30만 원에서 30만3,000원으로 인상된 경우 3,000원이 인상된 것은 같지만 전자가 후자보다 더 많이 올랐다고 느끼는 것은 바로 민감도 체감성 때문입니다.

손실회피성은 사람들이 같은 크기의 이익과 손실이라 해도 이익에서 얻는 효용(기쁨)보다 손실에서 느끼는 비효용(고통)을 더 크게 느껴 사람들이 손실(고통)을 줄이려고 하는 성향을 말합니다.

동일한 금액의 이익(+1,000)과 손실(-1,000)이 있는 경우 사람들은 1,000원의 이익에서 얻는 심리적 만족보다 1000원의 손실에서 느끼는 심리적 불만족이 더 크기 때문에 손실을 회피하려고 한다.

일반적으로 사람들이 손실에서 경험하는 불만족은 이익에서 느끼는 만족보다 2배 이상 큰 것으로 알려져 있습니다.

"사람들은 불확실한 이익보다는 확실한 이익을 선호한다."
〈질문 1〉에서 80%의 사람들이 기대수익이 적은 시행업 B를 선택한 것은 바로 이익 영역에서 불확실한 이익(40억원)보다는 확실한 이익(30억원)을 더 선호하는 사람들의 위험회피 성향 때문입니다.

"사람들은 확실한 손실보다는 불확실한 손실을 선호한다"
〈질문2〉에서 92%의 사람들이 기대손실이 많은 시행업 A를 선택한 것은 바로 손실영역에서 확실한 손실(30억원)보다는 불확실한 손실(32억원)을 더 선호하는 사람들의 위험추구성향 때문입니다.
사람들이 게임이나 도박을 하면서 돈을 잃었을 때 쉽게 그만두지 못하고 계속 하는 이유도 지금 그만두면 잃은 돈을 만회할 수 없지만(확실한 손실) 게임이나 도박을 계속하게 되면 돈을 만회할 수 있다(불확실한 손실)고 믿기 때문입니다.

프로스펙트 이론을 응용한 전략들

1) 이익은 나누고 손실은 합하라

기대이론에 따르면 이익은 나누어야 만족을 높일 수 있습니다.

예를 들어 제품을 10% 할인하는 경우 10% 할인한다고 이야기하는 것(통합된 이익)보다는 단골 할인 2%, 계절할인 3%, 판촉할인 5%를 합해 총 10%를 할인한다고 이야기하는 것(분리된 이익)이 더 효과적이라는 것입니다. 또한 직원들에게 100만원의 보너스를 지급할 경우 100만원을 한 번에 주는 것보다는 부서 성과급으로 50만원을 주고 며칠 후 회사 성과급으로 50만 원을 주는 것이 직원들에게 더 큰 만족을 줄 수 있다고 하지요.

반대로 손실은 합해야 불만족을 줄일 수 있습니다. 예를 들어 인원 감축안을 발표할 때 1차 30명, 2차 20명을 감축한다고 이야기하는 것보다 총 50명을 감축한다고 이야기하는 것이 직원들의 고통을 줄일 수 있습니다.

놀이공원에서 기구를 탈 때마다 이용권을 구입하도록 하지 않고 처음 입장할 때 자유이용권을 구입해 마음껏 놀이기구를 탈 수 있도록 하는 것도 고객의 손실지각을 최소화하기 위한 방법이라 할 수 있지요.

2) (손실보다) 이익이 클 경우에는 합하고 (이익보다) 손실이 클 경우에는 나눠라

계란을 한 바구니에 담지 말라는 오래된 주식 격언처럼 사람들은 주식 투자를 할 때 여러 종목에 걸쳐 투자를 합니다. 그러다 보면 이익이 나는 주식도 있고 손실이 나는 주식도 발생된다. 예를 들어 A와 B 두 주식에 투자했다고 가정해 보지요.

만약 주식 A에서 100만 원의 평가 이익이 나고 주식 B에서 80만 원의 평가 손실이 발생했다면 이 경우에는 이익이 손실보다 크기 때문에 'A에서 100만 원 벌고 B에서 80만 원 잃었네' 라고 생각하기보다는 그냥 '주식 투자해서 20만 원 벌었네' 라고 생각해야 기쁨이 커집니다.

왜냐하면 앞서 말한 것처럼 사람들은 이익에서 얻는 기쁨보다 손실에서 느끼는 슬픔이 2배 이상 크기 때문이지요.

39.

유능해지기

제가 저의 경험을 바탕으로 여러분들에게 유능해지기 위한 몇 가지를 소개하려고 합니다.

메타인지란 쉽게 말해 '내가 무엇을 알고 무엇을 모르는지 아는 것' 입니다. 이는 인간이 다른 동물과 구분되는 가장 큰 특징이지요.
하지만 안타깝게도, 성공한 리더일수록 이 능력이 퇴화되지요. 잘했으니까 여기 이만큼 왔다고 믿기 때문에. 그래서 리더 또는 유능한 사람들은 메타인지 능력을 높이기 위해, 다시 말해 '내가 모를 수 있다'는 것을 잘 알아차리기 위해 더 노력해야 합니다.

① 내가 아는 것과 경험한 것이 전부가 아님을 인식

모든 사람은 '내가 하던 대로' 하는 게 편하지요. 자료 수집을 할 때도, 분석 보고서를 만들 때도, 고객을 만날 때에도, 자꾸 예전 습관이 나옵니다. 그래서 이렇게 하지 않는 구성원의 업무 방식을 못마땅하게 느끼거나 거부감을 나타냅니다. 이를 BLM (Be(Behave) Like Me) 증후군이라 부르기도 하지요. BLM 을 벗어나서 자기가 알고 경험한 것이 전부가 아니라는 생각을 항상 해야 하지요.

② 생각의 속도를 늦추려 노력

제가 항상 염두에 두고 신경을 쓰는 부분입니다.

행동경제학을 창시한 지성인으로 꼽히는 카너먼 교수는 〈생각에 관한 생각(Thinking, Fast and Slow)〉 이라는 책에서 인간의 사고 체계를 2가지로 구분했습니다.

시스템 1 사고는 직관적 판단. 갑자기 소리가 나는 곳으로 주의를 돌리는 것, 물체의 크고 작음을 구분하는 것, 끔찍한 사진을 보고 인상을 찌푸리는 것 등입니다. 자동적이고 즉각적 반응을 관장하는 것이 시스템 1 사고 입니다. 반면 시스템 2 사고는 의식적인 분석과 추론의 과정이지요. 시끄러운 방에서 내가 듣고 싶은 내용에 집중해 듣는 것, 비슷해 보이는 두 개의 사물에서 차이점을 발견해 내는 것, 복잡한 주장의 논리적 허점을 찾는 것 등입니다.

내가 합리적 판단을 해야 할 순간이라면, 시스템 1과 시스템 2 사고 중 뭐가 필요할까요?

당연히 시스템 2가 사고를 지배한다고 생각합니다. 하지만 연구 결과 시스템 1이 훨씬 더 많은 영향을 주며 이 때문에 각종 착각과 편향에 빠진다고 말합니다. 결국 '빠른' 사고인 시스템 1이 작동하려 할 때 '느린' 사고인 시스템 2가 활동할 '시간'을 만들어 주려는 노력이 필요하다는 것이지요.

구성원의 제안 내용을, 보고서를 평가할 때 생각의 속도를 한 템포만이라도 늦춰보는 것이 필요합니다. 내 과거 경험치만으로 질책하기 전에 최근에 달라진 건 없는지 확인해 보는 것, 몇 사람의 얘기를 듣고 결론 내리기 전에 의도적인 반대 의견에 귀를 기울여 보는 것 등이 필요합니다. 이를 통해 내가 몰랐던 걸 알 수 있고, 결국 나의 메타인지 능력 역시 한 단계 높아질 수 있지요.

저도 노력하지만 아직도 잘 안 되는 부분이지요.

③ 설명하라

어떤 일을 지시하기 전에 상대에게 자세한 설명과 방향을 제시할 수 있어야 합니다.

내가 아는 것, 결정한 것에 대해 상대방이 이해할 수 있게끔 설명하는 것입니다. 이때 중요한 건 상대가 내 설명을 듣고 '알겠다'고 말할 수 있어야 한다는 것이고 그것이 단순히 즉흥적이지 않고 확실하게 이해한 것이어야 합니다. 학창 시절, 공부를 '그냥' 잘하는 친구와 '진짜' 잘하는 친구의 차이가 여기서 갈립니다.

'그냥' 잘하는 친구의 설명은 긴가민가 애매하지만 '진짜' 잘하는 친구에게 들으면 귀에 쏙쏙 들어 오지요.
구성원들은 리더의 판단과 지시로 움직입니다. 결국 리더가 얼마나 잘 설명해 주느냐에 이들의 성과가 달린 셈이지요.
스태프에게 또는 상대에게 설명을 할 수 있어야 하고 그것이 정확히 전달되게 하는 기술이 필요합니다.
중간에 알아듣지 못한다고 상대방을 타박하지 말고 혹시 자기가 정확히 알지 못하는 것이 아닌지 확인을 해보세요.

공자는 '아는 것을 안다고 하고 모르는 것을 모른다고 하는 것, 이것이 바로 아는 것이다'라고 말했습니다. 스스로 한 번 물어보자. 내가 모르는 게 무엇인지. 이 질문이 여러분들을 한 단계 업그레이드 시킬 것입니다.

모르는 것을 모르고 있는 것은 교만이고 모르고 있다는 것을 알고 있으면서도 나타내지 않고 있는 것은 무식입니다.

40.

우마드 (WOMAN + NOMAD)

우마드란 여성(Woman)과 유목민(Nomad)의 합성어입니다.

농경시대와 산업시대에는 노동력과 생산성이 대세였지요.
그래서 남성이 여성보다 우월했었고, 여성은 가사일에 전념하던 시대였습니다.

그런데 현대는 지식 정보화의 시대이고, 디지털의 시대다 보니, 여성의 영향력이 점점 더 커지는 시대가 도래했습니다.

저는 개인적으로 여성에 대한 편견이 없는 편이라 사람을 여성이냐, 남성이냐로 보지 않고 그 자체의 일에 대한 능력만 평가하는 사람입니다.

하지만 한국에서 제가 만나본 많은 남성분들은 여성에 대한 편견이 심하더군요.

1. 자기희생이 없다. 결국 자기만 생각한다.
2. 팀워크가 부족하다.

대체로 위와 같은 이야기가 주류였습니다. "제가 할게요" 라든지, "저번에 도움을 주셨으니, 제가 이번에 손해를 보더라도 돕겠습니다" 이런 식의 의리가 없다는 것입니다.

지식산업시대에는 왜 여성이 더 우수할 수 있다고 생각할까요?

1. 여성은 네트워크가 강하다.

여성은 모이면 수다가 많고, 모임도 꽤나 많습니다. 학부모 모임, 종교 모임, 동창 모임, 동네 아줌마 모임 등, 결속력도 강하고 네트워크를 통한 정보 취득도 무척이나 강하지요. 요즈음 같이 인터넷이 발달하고, 정보의 중요성이 강조되는 사회에서 여성들의 네트워크력 만큼 경쟁력이 있는 분야는 없을 듯 합니다.

40. • 우마드 (WOMAN + NOMAD)

2. 여성은 수다스럽다.

수다는 기본적으로 아는 지식이 있어야 끊임없이 이어집니다. 듣기 싫은 소리를 그렇게나 오랫동안 들어주는 것은 불가능하니까요. 돌아가면서 수다를 떠는 것은 요즈음 세상에는 잡학다식하다는 칭찬으로 들리는 이야기이지요.

3. 시간에 대한 최고의 정리자

워킹맘은 직장에서 일하면서 애들의 간식, 학원 등등 모든 시간을 체크해야 하고, 또한 귀가해서도 빨래, 식사 등, 할 일이 많습니다.

따라서 자기의 하루 모든 시간을 정밀하게 체크하면서 생활하는 시테크의 달인들인 것이지요. 시간 관리 능력이 남자보다 뛰어나서 경쟁력이 있는 부분입니다.

오늘 산책을 하고 서점에서 책을 읽으면서 와이프랑 우마드라는 주제로 대화를 했습니다.

우선 제 생각을 말하고 와이프의 의견을 들었지요.
와이프는 다음과 같이 말더군요.
1. 여자의 적은 여자다
2. 여자는 여자가 아닌 남자에게 인정받고 싶어 한다.
제 주위에서 여자에 대한 부정적인 의견을 피력하는 남자들의 이유와 일

맥상통한다는 생각이 들었습니다.

저는 와이프에게 개인적으로 여자들에 대한 편견이 전혀 없지만 이점은 아쉽다고 말한 부분이 있었습니다.

"이것만 바뀌면 좋겠다는" 소극적인 생각보다 "이것을 바꾸겠다는" 적극적인 생각으로 변화하는 것이 진정 여성의 성공을 보장하는 것 같다고 말했지요.

소극적이기 보다 진취적이고 적극적인 여성이 여성의 사회적인 지위를 한단계 높인다고 개인적으로 생각합니다.

41.

인간 감정 발달사

진화심리학에서 인간의 감정 발달사는 다음과 같다고 합니다.

불안(두려움) --〉 공포 --〉 혐오 --〉 질투 --〉 쾌락 --〉 사랑

[불안]

불안이란 거북한 무엇인가를 알 수 없거나 알아도 해결할 방법이 없을 때 발생하는 인간의 감정이라고 하지요. 유인원에서 인간으로 변화하는 과정에서 초기 인류는 거대 동물들에게 먹잇감이 될 것 같아 끊임없이 불안해하며 살았고, 이것이 현대인에게도 불안감에 따른 스트레스가 중요한 이슈가 된 원인이라고 말합니다.

즉, 무엇인가 일어날지 모르는데, 그것이 일어나면 마땅한 해결책이 없을 때 생기는 감정이 바로 불안감이라는 것입니다.

[공포]

공룡시대를 지나 유인원이었던 초기 인간에게 가장 공포스러웠던 것은 사바나 밀림에서 긴 이빨 달린 호랑이였다고 하지요. 어디서 나타날 것 같은 불안감에서 막다른 곳에 호랑이를 만나면 공포감이 극에 달하게 되고, 초기 인류는 이런 경험을 수없이 하면서 지내왔기에 공포감을 체험하면서 살아왔다고 합니다.

경제 공황시대 심리적 공포로 투매가 일어나는 것은 인간이 이런 공포심을 본능적으로 느끼고 살기 위해 발버둥 치는 본성에서 기인한다는 것입니다.

[혐오]

혐오라는 것은 부패한 음식의 냄새를 맡거나, 먹어서 느끼는 감정으로 원래 음식물에서부터 느낀 감정이라고 합니다.

쓸쓸한 뒷맛을 느끼면 역겹다는 느낌이 들고 이것이 혐오스럽다는 감정의 표현이라고 합니다.

현대에서는 혐오라는 말을 사람에게 사용하는 단어지만 원래는 초기 인류의 조상이 다른 동물이 먹다 버린 부패한 음식을 먹을 경우 느끼는 감정이었다고 합니다.

[질투]

초기 수렵 생활에서 인류는 나약한 존재여서 10-20명씩 무리를 지어서 살고 있었지요. 그런데 사냥을 하고 난 후 얻은 사냥감을 어떻게 나누느냐가 관건이었습니다.

무리 중에 한 명에게 더 많은 사냥감이 돌아가거나, 맛있는 부위가 가면 그 상대방을 질투했다고 합니다. 소위 말하는 왕따라는 것이지요.

초기 인류 집단에서 평등을 강조한 것은 이렇게 왕따가 되면 혼자 밀림에서 살아야 하기에 그만큼 위험하고 굶어 죽을 염려가 많았지요. 그래서 무리에서 튀지 않고 질투를 받지 않으며, 평등한 관계를 유지하려는 것이 중요했다고 합니다.

하지만 무리 중에 특출한 사냥기술이나, 신체를 가진 사람은 반드시 존재했고 그를 질투하는 마음도 인간 세상에 존재했지요.

[쾌락]

진화심리학에서 섹스는 쾌락을 동반한다고 합니다. 종족 번식은 그렇게 중요한 의미가 아녀서 (남자에게는) 섹스를 하게 되면 쾌락을 선물로 주어, 인간이 쾌락을 위해 섹스를 하고 그 결과로 종족 번식이 이루어졌다는 것입니다. 특히 남자에게는 어떤 여자가 자기의 자식을 번식하느냐 보다는 쾌락의 수단으로 섹스를 하다 보니 종족번식이 많아지게 되었다는 것이지요.

수렵생활에서 많은 사냥을 하는 기술자나, 종족의 우두머리는 그 만큼 많은 보상을 받았고 그 보상을 여자에게 나누어 주고 인기를 끌어 자기의 자식을 번식하도록 하게 했고, 그렇게 우성인자의 유전자가 더 많은 번식의 기회를 얻어 인간을 발전 시켜 왔다는 이야기입니다.

[사랑]

인간의 첫 사람의 감정은 바로 자식에 대한 사랑이라고 합니다. 자신의 몸에 10개월을 품고 있어야 하고, 낳을 때 머리가 큰 인간의 특성에 고통을 감수하고, 인간은 파충류와 다르게 (파충류는 낳자마자 바로 어미의 곁을 떠남) 어미의 극진한 보살핌이 있어야 성인으로 무수한 위험을 피해 성장할 수 있었습니다.

그래서 어미의 자식에 대한 사랑이 바로 사랑이라는 감정의 시작이라고 합니다. 보살피고, 도와주고, 지원해주고픈 마음이 바로 사랑의 시작이라는 것이지요.

가끔 진화심리학을 공부하다 보면 인간을 너무 유인원의 본성에 갖다 붙이는 것이 아닌가 하는 의문이 들 때가 많이 있습니다.

아무리 본성, 본능이 중요한 가치를 지닌다 해도, 현재의 인류에 사바나의 초원에서 살던 유인원의 본능과 본성이 얼마나 될지 만일 수십만 년이 흐른 지금 단지 1%만 남아 있다면 그 1%가 현재 인류에 미치는 영향이 얼마나 될지 저는 사실 잘 모르겠습니다.

42.

진화심리학 1탄

★ 일부다처제

현재를 사는 지금도 우리는 일부다처제에 산다. 클린턴이 르완스키와 스캔들을 일으킨 것은 들켰기 때문이다. 능력 있는 많은 남자들은 한 여자만을 부인으로 여기지 않는다. 다만 들키지 않고 알려지지 않을 뿐, 신격호씨는 예외지만.

★ 강간범

강간범은 사회 낙오자가 많다. 고대시대부터는 수컷은 암컷을 차지하기 위해 서로 경쟁했다. 경쟁에서 낙오된 수컷은 암컷과 짝짓기 기회가 없었다.

그렇게 낙오된 수컷은 기회를 봐서 강제로 짝짓기를 하는 수 밖에 없었다.

★잘생긴 남자

남자는 두 가지 전략이 있다. 착한 아빠 "장기적 배우자를 찾아 자식에게도 투자하는 것", 비열한 남자 "단기적 배우자 들을 여럿 두어, 자식을 번창하게 하지만 그 자식에게는 투자하지 않는 것" 잘생긴 남자는 두 번째 비열한 남자의 경우가 훨씬 많다.

★이쁜 여자는 딸을 더 많이 난다.

미국의 경우, 잘생긴 여자가 딸을 낳을 확률은 54%, 아들을 낳을 확률은 46%이다. 여자는 고대부터 선택되고, 남자는 선택을 했다. 이쁜여자가 선택되었기에 이쁜 여자는 딸을 낳아 안정적인 선택을 선호했다.

★아기는 아빠를 닮는다.

고대부터 아기를 낳으면 엄마가 생물학적인 엄마일 확률은 100%이다. 하지만 아빠가 생물학적인 아빠인 확률은 엄마만 안다. 자식에게 자산을 물려줄 아빠는 자기의 자식인 것을 확인하려 들고, 따라서 아기는 당연히 어려서 아빠를 닮을 확률이 훨씬 높다.

★직장에서의 남녀 성차별

남자는 돈을 벌어야 하기에 돈을 번다. 하지만 여자는 돈 버는 일 말고도 다른 일이 많기에 돈을 많이 벌고자 하지 않는다. 남녀 평등을 주장한 것은 아주 최근의 일이다, 위와 같은 기질의 오랜 진화는 당연하게 남녀의 성차별을 만들어냈다.

★ 여자가 더 종교에 열중한다.

신앙심의 진화적 기원은 위기관리에 있다. 안 해도 되는 일을 하는 것이 오히려 위험을 피할 수 있다는 이야기 이다. 예를 들어 부스럭 소리가 난 것을 바람 소리라고 치부하는 것과 맹수가 나타난 것이라고 의심하는 것 중 후자가 훨씬 안전하다. 이렇게 지나친 의심과 방어기재가 인간으로 하여금 종교를 만들어 냈다. 남자는 자식의 안전에 대하여 여자보다 덜 민감하다. 자식에 대한 안전에 지나친 관심을 가진 여자가 따라서 더 종교적이다.

★자살폭탄테러는 일부다처제 때문이다.

이슬람의 일부다처제는 남자들에게 낙오자를 만들어 냈다. 소수의 능력 있는 남자가 여자와 결혼하기에 어떤 남자들은 여자를 만날 수가 없다. 이런 낙오자는 이슬람에서 말하는 순교를 하고 천국에 가면 72명의 이쁜 처녀가 기다리고 있다는 코란을 경전을 믿고 자살폭탄테러를 저지르는데 행복해한다

43.

진화심리학 2탄

경제학을 연구하다 보면 자연스럽게 심리학에 관심을 가지게 됩니다.
미시경제학 --〉 거시경제학 --〉 행동경제학

위와 같이 경제가 발전해 왔지만, 행동경제학이라는 것은 결국 초기의 경제학이 "인간은 절대적으로 합리적이다" 라는 명제를 수립하고 시작하다 보니, 비합리적인 충동적 선택을 하고, 절제력이 약하고, 끝없는 탐욕 덩어리인 인간을 설명하는데 한계가 있다는 것을 알게 되었기 때문입니다.

심리학을 공부하다 보면, 왜? 라는 생각을 하게 되고 사회 문화 심리학에 설명하지 못하는 것을 찾게 되는 것이 진화심리학으로 귀결되는 듯 합니다.

★성욕이 본능인 이유

오래전에 성욕이 충만한 인종과 성욕이 부족한 인종이 살았지요. 성욕이 충만한 인종은 많은 자손을 번성시켰고, 성욕이 부족한 인종은 자손의 번식에 실패해서 멸종하였기 때문에 현생 인류는 성욕이 충만한 인류라고 합니다.

★엄마가 아빠보다 모성애가 강한 이유

여자는 평생 낳을 수 있는 자녀가 20~25명인데 반해 남자는 수천명이라고 합니다. 그래서 여자는 한계를 가지고 있다 보니 자식 한 명 한 명이 모두 소중한데 반해 남자는 많은 자식중의 한 명이라 부성애가 모성애보다 약할 수 밖에 없다고 합니다.

★남자는 왜 어린 여자를 좋아하나

어린 여자들이 훨씬 자식을 생산할 수 있는 능력이 강하다 보니, 종족 번식욕에 따라 끊임 없이 어린 여자를 선호하게 되고, 나이든 여자는 생식능력이 떨어지다보니, 찾지 않는다는 설명입니다.

★남자는 공격적, 여자는 수동적 온화형인 이유

오래 전부터 인류는 일부다처제라고 합니다. 즉, 남자가 여자를 차지하기 위해 남자끼리 경쟁을 하여야 했고, 그래서 남자는 항상 공격적이고 능동적인 유전자를 유전시켰고, 여자는 선택되는 입장이어서 항상 수동적인 입장이었다고 합니다. 이를 실험으로 입증한 것이 원숭이와 장난감 실험이었다고 합니다.

원숭이 수컷과 암컷을 우리 안에 넣고 장난감을 넣어주면, 인간의 장난감인데도 수컷은 칼, 자동차와 같은 것을 가지고 놀고, 암컷은 거울, 옷 등을 가지고 논다고 합니다.

★여자가 다이아몬드와 꽃을 선물 받고 싶은 이유
다이아몬드와 꽃은 활용가치는 전혀 없는 물건들이지요. 여자는 남자를 고를 때 남자가 자산이 많은지, 그리고 그 자산을 자기와 자식을 위해 기꺼이 사용할 수 있는지를 확인하고 싶어한다고 합니다.

그래서 위의 두 가지 (자산과 의지)를 확인하는 가장 좋은 방법이 아무 필요도 없는 물건을 사 달라고 했을 때 기꺼이 사주는 것을 보고 판단을 한다고 합니다.

★가는 허리와 큰 가슴 선호도
히프와 허리의 차이를 나타내는 수치로 WAR이라는 것이 있다고 합니다. 허리를 히프의 크기로 나눈 것인데 이것이 0.67 정도이면 최상이라고 하네요, 허리 24 히프 36인데, 이유는 이 수치가 가장 자식 생산능력이 뛰어나고 늙을 수록 이 수치가 올라간다고 합니다.

그리고 큰 가슴을 선호하는 것은 고대에는 가슴을 들어내놓고 다녔는데, 큰 가슴은 나이가 들면 처지기에 바로 식별이 가능해서 여자가 나이가 들었는지, 아니면 젊었는지를 식별하기 쉬웠다고 합니다.

조금은 불쾌하지요, 진화심리학이라는 학문이!
인간을 기계나, 짐승으로만 바라보는 학문 같아서 말입니다.

44.

진화심리학 3탄

이 진화 심리학적인 측면에서 인간의 갑질을 분석해 보겠습니다.

지난 나향욱 교육부 정책기획관이 상위 1%를 제외한 나머지 99%는 개와 돼지 같은 인간들이라는 말을 하였지요. 그러면서 신분제가 부활되어야 한다고 하였고, 파면 위기에 몰렸습니다.

이런 소위 말하는 "갑질"의 문화는 언제부터 생겼을까요?

진화 심리학에서는 이렇게 말합니다.

고대 선사시대에는 인류는 늘어나는 자손들 때문에 인구는 늘어나고, 반대로 한정된 자원을 가지고 있었습니다.

그래서 인류는 끊임없이 싸움을 해야 했지요.
먹고 살기 위해서 말이지요.
그래서 잔인하게 상대방을 죽여 없애야 했습니다.

상대방을 잔인하게 죽이려 할 때 연민이 든다면 불가능하겠지요. 즉, 인간이 아닌 사물로 취급하는 것입니다.

현생 인류는 뇌에 기본적으로 상대방을 사물 또는 개, 돼지로 인식하는 유전자가 발달한 인류라는 것입니다. 그래서 연민보다는 상대방을 사물로 인식하고 잔인하게 취급할 수 있는 기질을 타고났다는 것입니다.

또한 현생 인류는 원래 나약한 존재였다고 합니다. 사냥을 위주로 한 네안데르탈인보다 채집을 위주로 한 현생 인류는 나약해서 반드시 무리를 짓고 살았다고 합니다.

그래서 '우리 편, 네 편', '우리 것, 너네 것'을 나누는 것에 익숙하다고 합니다. 우리편이 아닌 네편은 모두 없애야 안심을 하고 살아갈 수 있었다고 합니다.

네안데르탈인이 멸망한 것도 바로 현생 인류가 자기보다 강한 네안데르탈인을 잔인하게 멸족시켰기 때문이라고 하지요.

그래서 현생 인류도 이런 기질이 깔려있어 우리 편, 네 편을 나누고 네 편은 잔인하게 깔보는 '갑질'이 나타난다고 합니다.

약간은 무서운 이야기이지요?

chapter 2

따뜻한 사회학

45.

한국의 보수와 미국의 보수

우리나라는 보수라고 하면 기업우선 정책, 반공 등을 이념으로 하고 있지요. 진보라고 하면 소득분배 및 남북 협상 등을 이념으로 하고 있는 듯 합니다.

박정희 정권 이후에 계속 이런 한국적 보수주의 이념이 정당의 강령으로 이어내려고 있습니다.

하지만 외국의 보수와 진보는 그 뿌리부터 다릅니다.

외국의 보수는 자유주의를 최대의 이념으로 삼고 있습니다.
자유주의는 영국·프랑스의 보수층인 부르주아가 만들어낸 정치적 산물입니다.

부르주아는 절대왕권과 맞서 싸우며 법의 지배와 삼권 분립 등의 성과를 얻어냈습니다.

이는 오늘날 우리가 민주주의 기본이라고 믿는 선거제도와 정당정치 등을 가능케 했고요. 이처럼 민주주의 역사에는 시민의 자유를 위해 최전방에서 투쟁했던 부르주아, 즉 '보수주의자'가 있었습니다.

이처럼 보수주의의 본질에는 자유주의와 그로부터 파생되는 다양성과 개방·관용 등의 가치가 자리 잡고 있습니다. 국민 개개인의 자유가 최대한 보장될 때 국부(國富)가 가장 커질 수 있으며(애덤 스미스), 국가 권력의 남용을 견제할 수 있는 시민의 자유가 보장돼야 사회가 바로 선다(에드먼드 버크)는 이론도 모두 자유를 강조하고 있습니다.

스미스와 버크는 모두 경제·정치 분야에서 보수주의의 이론적 기틀을 제공한 사람들입니다.

에드먼드 버크(1729~1797)의 설명에 따르면 진보는 소수의 엘리트가 미래를 설계하고 그들의 의지에 따라 세상을 바꿔 갈 수 있다는 시각입니다. 반면 보수는 세상이 설계도대로 움직이지 않기 때문에 전통과 문화를 중시하고 점진적인 개선을 통해 사회를 변화시켜야 한다는 입장입니다.

여기서 '전통'은 영국의 정치철학자 로저 스크러튼의 말처럼 "어느 한순간, 한 개인에 의해 창조될 수 없는" 성격을 갖고 있습니다.(『합리적 보수를 찾습니다』) 오랜 시간 시행착오를 반복하며 개인의 성취가 쌓이고 모이면서 한 사회의 문화적 유산이 만들어지는 것이죠.

이를 위해선 "시민 개개인의 개별성이 존중되고 이들의 능력이 마음껏 발휘될 수 있도록 자유주의적 토양이 마련돼야" 합니다. (존 스튜어트 밀, 『자유론』)

미국 건국 초기 해밀턴과 제퍼슨에 의해 미국 정당은 민주당(진보)과 공화당(보수)으로 나뉘어 지지요. 하지만 이 당시의 진보와 보수는 지금과는 다른 국가를 소수 엘리트가 만든 계획에 따라 운영해야 한다는 민주당(해밀턴)과 모든 국민의 자유가 보장되어야 하고 계획경제는 시장의 자유를 저해한다는 공화당(제퍼슨)의 갈등이 원인이 됩니다.

현재의 세계 각국의 보수와 진보는 경제적 이념으로 성장, 기업 위주의 정책과, 소득분배 및 복지의 정책으로 나뉘어져 있습니다.

우리나라 보수의 궤멸이라는 말은 제 생각으로는 맞지 않습니다.

당연히 반공, 기업 위주의 정책을 펴던 나라에서 이제는 복지와 소득분배를 신경 써야 하는 나라로 변해가는 과정이고, 구 시대의 정강을 유지하면 당연히 국민에게 외면받기 때문이지요.

46.

신호와 소음

우리는 너무나 많은 전문가들의 홍수 속에서 살고 있지요.

정치, 경제, 사회 등 많은 언론에 등장하는 너무나도 많은 전문가들의 홍수 속에서 살고 있습니다.

이들이 말하는, 전달하는 수많은 정보의 홍수 속에서도 살고 있습니다.

수많은 정보의 홍수 속에 정확한 정보인 신호와 그 밖의 소음을 구분하는 것이 무척이나 어렵지요.

예를 들면 정치 전문가를 보도록 하지요.

방송에 나와서 예측을 합니다. 대담한 예측을 하지요. 2위가 1위가 될 것이라고, 3위가 2위가 될 것이라고, 만일 맞히기라도 하게 되면 대스타가 되고,

틀리더라도 대중은 다른 전문가들 속에서 잊어버립니다. 그리고 전문가는 다시 방송에 나와서 결과를 분석합니다. 마치 대단한 전문가처럼 말이지요.

전문가들의 또 하나의 약점이 있습니다.
"과잉적합"이라는 것이지요.

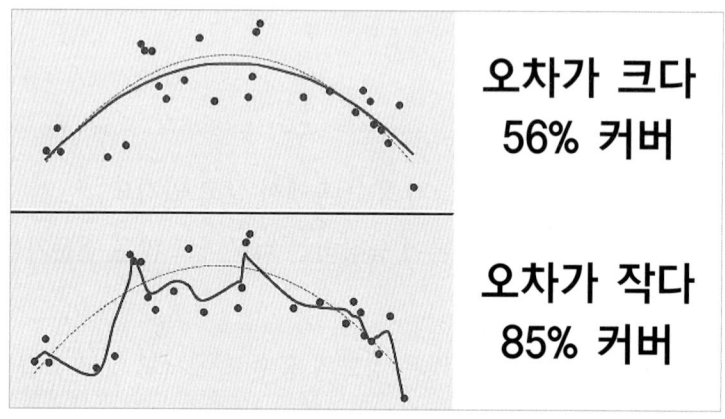

위의 그림을 보면 위 그림은 추세선이고 그것을 오차를 없앤 그래프는 아래와 같습니다. 그래서 전문가들은 아래 같은 그래프를 더욱 선호하고 그것을 바탕으로 예측을 합니다.

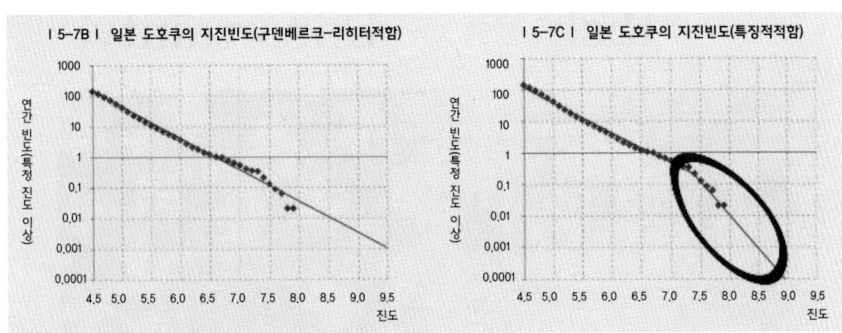

일본 후쿠시마 지방의 지진 발생 추정 적합도입니다.

왼쪽 그림대로라면 300년에 한 번씩 지진이 발생하는데, 우측 그림은 1만 2천년에 한번 발생하는 것으로 분석됩니다. 일본 기상청은 좌측의 분석을 기반으로 후쿠시마에서는 지진이 발생하지 않을 것이라 예견하였습니다.

위와 같은 것을 과잉적합이라고 부릅니다.

정규분포에 들어오는 상황을 만들어 세상을 예측하는 것이지요.

하지만 세상은 예측하지 못하는 불확실성이 존재합니다. 소위 말하는 블랙스완의 현상이 발생하는 것이지요.

그래서 그에 대한 대비를 전혀 하지 않고 있다가 대재앙을 겪게 되는 것입니다.

　리스크는 계산할 수 있는 것이고 불확실성은 계산할 수 없는 것을 의미합니다. 불확실성을 리스크로 말하는 전문가들이 많을 수록 블랙스완의 현상이 발생하였을 때 우리는 아무런 대책이 없게 됩니다.

　우리가 훌륭한 전문가라고 말하는 사람들을 무조건 따르는 것은 잘못된 행동입니다.
　전문가는 본인이 얻을 수 있는 수많은 정보 중 하나의 정보를 제공하는 사람일 뿐입니다.
　그저 참고 데이터 일 뿐이지 맹신을 해서는 안 됩니다.

　불확실성의 세계에서 누구도 정확한 예측을 할 수 있는 전문가는 없습니다.

47.

맥락 저널리즘

기사는 육하원칙에 의거해서 작성하지요.

누가, 언제, 어디서, 무엇을, 어떻게, 그리고 왜?

그런데 요즈음처럼 스마트폰이 발달한 시대에는 왜? 는 빠져있습니다.

말 그대로 정보의 홍수입니다.

그래서 다양한 팟캐스트, 블로그, 유튜브 동영상 등이 인기입니다.

정보의 뒷면의 왜? 를 분석하는 것이 이유이지요.

  문제는 더 많은 사실을 알아야 하는 게 아니라

  그 의미를 모른다는데 있다

  이 뉴스들은 우리가 무엇을 이해하도록 돕는 걸까?

뉴스의 시대 : 알랭 드 보통

맥락 저널리즘이란
" 사실 중심의 서술을 넘어, 사건이 내포하고 있는 의미, 파장, 이면을 고찰하고 설명하는 보도 방식"을 의미합니다.

뉴스를 뉴스답게 만드는 건 두 가지
"단순히 정보의 유통이 아니라 그것이 어떤 맥락이었고, 그 이면의 내용이 무엇인지에 대해 심층보도 하는 것 한가지와 국민들이 모르는 것을 발굴해서 보도하는 것"

"현상에 대해 보도는 하지만
그에 대해서 맥락과 과정을 알 수 없다면
시청자가 그 뉴스에 대해 깊이 알기도 어렵고
평가도 할 수 없다"
- 손석희 JTBC 보도담당 사장

48.

호모 갑질 리우스

1995년 미국 옐로우스톤에서는 의미 있는 실험이 있었습니다.

야생 늑대 14마리를 방사한 것이지요. 소위 말하는 리와일딩 "rewilding"이라는 실험이었습니다.

야생에서 인간에 의해 사라진 최상위 포식자를 다시 풀어 생태계를 복원할 수 있는 가에 대한 실험이었지요.

결과는 놀라웠습니다.

사슴과 엘크의 수가 줄어들었고, 이로 인해 나무와 풀이 다시 자라기 시작했고, 자라난 나무와 풀 덕분에 새들이 찾아왔고, 비버도 돌아와 강둑을 만들었습니다.

늑대가 코요테를 잡아먹자 코요테의 먹이인 토끼와 쥐도 늘어났고, 공원 안에 다양한 종이 서식하자 곰과 맹금류도 돌아왔지요.

더 놀라운 것은 강의 흐름이었는데 늘어난 나무로 인해 강의 흐름이 정리되었고, 물 웅덩이가 생겨, 새로운 서식지가 생겨났습니다.

인간으로 인해 사라진 최상위 포식자가 공원 전체의 생태계를 복원한 것입니다.

인간의 갑질이 생태계 자체를 파괴한 것입니다.
기업도 마찬가지입니다.

자기의 편의와 이익을 위해 기업의 생태계를 인위적으로 파괴하는 갑질 문화는 기업을 멍들게 하지요.

전문 경영인이 아닌 세습, 세습자들의 갑질이 결국 기업을 파멸로 몰아갑니다.

기업인의 호모 갑질 리우스가 기업과 그 안의 직원 모두를 파괴하는 일이 없기를 기원합니다.

이 글에서 늑대는 전문 경영인, 늑대를 사라지게 만든 인간은 기업의 오너를 뜻합니다.

49.

갑질 문화와 한국 사회

요즈음 갑질에 대한 이야기로 시끄럽습니다. 그리고 미투 운동으로도 바람 잘 날 없습니다.

왜 갑자기 이렇게 쏟아져 나오는 걸 까요?

지금까지는 없다가 요즈음 이런 일이 많이 생기는 걸까요?

아닙니다. 이전에는 훨씬 더 많았지요. 하지만 한국의 집단주의적 사회문화성향이 억압을 하고 있었던 겁니다.

너! 하나 입 다물면 만인이 편안해!

한국의 대표적인 권위주의, 집단주의적 표현입니다.

집단을 위해서 개인을 희생하라는 것이지요. 박정희 정권에서는 많은 사람이 잘살기 위해 개인의 인권을 유린해도 참아야 하고,

박근혜 정권에서는 세월호가 가라 앉았지만 사회불안을 조성한다는 말도 안 되는 이유로 덮기 바빴습니다.

갑질 문화는 다음과 같이 분석할 수 있지요.
서구나, 동양에서 갈등의 해결방식은 다음 5가지로 구분됩니다.
1. 회피 : 갈등 자체에서 멀어지고자 하는 현상
2. 지배 : 자기의 주장을 관철하고자 상대를 억누르는 현상
3. 양보 : 자신의 주장을 누르고 상대의 요구에 순응
4. 타협 : 서로 양보하여 차선책을 찾는 것
5. 통합 : 상대방을 만족시키면서 자신의 요구를 극대화

한국의 사회는 지배와 양보로 집약됩니다. 자기보다 사회적 지위가 낮은 사람에게는 지배를 반대로 높은 사람에게는 양보를 사용하는 것이지요.

이것으로 최순실 사건도 설명이 됩니다.
그리고 이런 행위의 경향성을 권위주의라고 하지요.

우리 사회의 권위주의적 성향은 한국의 나이에서도 나타납니다.

전 세계에서 나이를 엄마 뱃속에서부터 카운트 하는 나라는 우리나라가 유일합니다. 한국의 "몇 살"의 "살"은 살아온 날이라는 뜻이지요. 즉 엄마 뱃속에서부터 살아온 것으로 계산하는 것입니다.

전 세계가 만 나이를 사용하지만 유독 한국에서는 한국 나이를 사용하는 이유는 바로 "연장자 우선"이라는 한국의 권위주의의 산물이라고 합니다.

나이로 서열을 가리는 것이지요.

촛불집회는 이런 한국 사회의 변화를 나타내는 현상이라고 보여집니다.

인류의 진화는 몇 만년에 걸쳐서 이루어지지만 사회문화의 변화는 적어도 몇 백년에서 빨라도 몇십년의 세월이 필요합니다.

6.25 전쟁이후 반세기가 넘어섰지요. 그동안 한국 사회를 지배해왔던 사회문화는 이제 변화의 시기를 시작한 듯 합니다.

극단적 집단주의에서 이제는 개인주의가 일부분 태동하고 있는 것이지요.

"너 하나 입 다물면 만인이 편안해"에서

"나 하나 입 다물었더니, 변하는 게 없고 더 불편해지더라"는 표현이지요.

삼포시대, 헬 조선시대, 취업비리, 미투운동, 갑질논란, 금수저, 흙수저 등 등 이제 개인주의를 표현하는 수많은 단어들이 회자되고 있습니다.

바야흐로 우리나라 사회의 문화 트렌드가 변화되고 있다는 현상을 많은 곳에서 찾아볼 수 있습니다.

50.
집단주의와 개인주의

집단주의와 개인주의라는 말이 본격적으로 등장한 것은 1960년대 일리노이 대학의 그리스 출신 해리트이란디스라는 교수로 부터라고 하지요.

비교문화 심리학자인 이분이 그리스와 미국을 비교한 논문이 있었는데 이를 모티브로 만든 영화가 "너의 그리스식 웨딩"이라고 합니다.

서양은 개인주의, 동양은 집단주의라는 인식이 깔려 있지만 이분의 주장은 약간 다르지요.

모든 인간은 개인주의와 집단주의 2가지의 심리를 가지고 있다고 합니다.

개인주의는 사람들이 사회적 행동을 할 때 개인적인 즐거움을 최대화하려는 경향이라고 하지요.

사람간의 관계는 계약으로 이루어지고, 관계성을 유지하는 비용이 거기에서 얻는 즐거움이나 만족보다 줄어든다면 그 관계를 끊는 것이 당연시 됩니다.

반면에 집단주의는 사람들이 자기 자신을 집단의 일부라고 생각하고, 개인의 목표보다 집단의 목표를 우선하며, 관계를 유지하는데 터무니없는 비용이 들지 않는 한 사람들은 관계를 포기하지 않습니다.

결혼을 예를 들면 개인주의에서는 결혼도 일종의 계약이고 결혼에 대한 이해관계가 깨지면 당연히 이혼을 해야 한다는 것이 서구식 생각이고, 우리나라와 같은 나라에서는 결혼을 인륜지대사, 하늘이 맺어준 인연 등 부부로서의 의무와 책임이 강조되고 관계를 유지하는 것이 터무니 없는 비용을 지불하는 경우에도 "정 때문에", "자식 때문에" 살아야 한다는 견해를 보이는 것은 바로 집단주의적 사상입니다.

직장에서 근로자와 사측과의 관계도, 우리나라처럼 회사의 발전이 나의 발전이라는 목표아래, 야근과 회사가 어려우면 급료를 낮추라는 강요는 집단주의에서부터 발생한 사상이고, 외국에서는 야근과 낮은 급료는 회사를 그만두라는 신호로 받아들이는 것이 바로 개인주의적 사고 입니다.

우리나라와 같이 집단주의의 사고가 강한 나라에서는 단기적인 이익보다 관계의 유지가 더 크게 강조되고 큰 동기로 작용합니다.

소위 말하는 "우리가 남이가?"라는 말이 바로 이런 발상에서부터 출발하지요.

개인주의에서는 개인의 필요에 따라 계약이 맺어집니다. 다른 일자리가 없고 급여가 필요하면 많은 불편함을 겪어도 계약을 맺고 취직을 하는 것이지, 좋아서 하는 것이 아니며, 언제든지 상황이 변하면 이직을 합니다. 관계 자체가 개인의 필요에 따라 맺어지기 때문이지요.

사회적 행동의 기본이 되는 자기 자신의 독특성을 찾고 그것을 일관되게 유지하려는 경향이 강한 것이지요.

저는 개인적으로 개인주의를 선호합니다. 직장에서는 특히 그렇지요.

급여를 제공하는 만큼 일해야 하고, 적다고 생각되면 다른 회사로 이직하는 것이고, 자기의 능력만큼 받아야 하고, 능력이 안되는 사람에게 많은 급여를 주는 것은 쓸데없는 배려 때문이라고 생각하는 사람입니다.

지금의 회사는 조금 다르게 운용하지요. 배려심을 많이 생각합니다.
- 어려움을 극복하고 회사 일에 몰두 할 수 있도록.
- 배우면서 자기 자신의 능력을 키워 회사에 도움이 되는 인간으로
 하지만 이런 방식이 요즈음 틀렸다는 생각을 많이 하고 있습니다.

51.
정부와 경제 그리고 시민단체

금감원장, 정책수석, 공정위원장 등등 시민단체 소속이 많아진다고 우려를 합니다.

전통적인 경제학은 시장의 영역만을 다루어 왔습니다.

하지만 케인스 이후에 시장에 정부가 개입하면서 정부의 행동을 연구하는 학문이 탄생하였지요.

제임스 뷰캐넌, "공공선택학파"의 창시자이면서 1986년 노벨경제학상을 수여 한 분입니다.

공공선택학파의 질문은 다음과 같지요
- 과연 정부는 공정하게 정책을 만들고 집행하고 있는가?
- 시장이 실패하듯 정부도 실패하지 않을까?

정부가 실패하는 이유
① 이기적인 인간들, 기업, 개인처럼, 선거에서 승리하고 자신과 소속당의 권력을 극대화하기 위해 불필요하게 예산을 과도하게 투입하는 정치가들
② 자신의 이익과 권력을 위해 조직의 예산과 크기를 늘리는 고위 관료들
③ 이런 정치가와 관료들을 대상으로 하는 로비스트들

따라서 이분의 주장은 이런 정치가와 관료들이 합리적인 선택을 하는 가를 감시하는 시민 사회단체가 존재하여야 한다는 것이지요.

시민들이 자신의 이익과 관계없다고 무시하는 사이 기업과 이익집단 정치인과 관료들이 납세자와 소비자를 무시하는 선택을 하는 근거가 된다는 것이지요.

52.
부의 세습과 서울대

많은 경제전문가들이 계층 간의 사다리가 더 길어지는 이유를 교육에서 찾고 있지요.

현대에는 개천에서 용 나오는 시대가 아니어서 가난한 집안의 자식과 부유한 집안의 자식의 교육에 대한 기회가 불평등해지고 이것이 신분의 차별을 고착화 시킨다는 것입니다.

그래서 나온 현대 용어가 바로
흙수저, 금수저입니다.

저는 본고사 마지막 세대입니다. 저 이후로 수능시험 세대였지요. 저희 때만해도 예비고사라는 것의 중요도가 그리 높지 않아서 본고서를 잘 보는 것이 당락을 결정짓던 시대였습니다.

서울대는 동숭동 문리대학을 거쳐서 학생운동, 학생문화가 생겨나자 1975년 박정희 대통령 지시로 관악산 골짜기로 이사를 하게 되었습니다.

정말 처음 학교를 방문할 때의 기억이 아직도 남아있는데, 논밭을 한참 지나서야 나타나더군요.

그리고 신림동에 처음으로 미네르바라는 까페가 한 개 겨우 제가 3-4학년 때 생겨난 기억이 납니다.

그리고 지금도 기억나는 것은 당시만 해도 서울대에는 부자 학생들이 별로 없었던 기억입니다.

대부분 시골에서 상경한 학생들이 많았지요. 옷 잘 입은 학생도, 멋있는 학생도 거의 기억에 있지를 않습니다. 다들 어두운 회색 빛 교복이나 잠바를 입고 등교를 했습니다.

두툼한 대학생 가방을 가지고 말이지요.

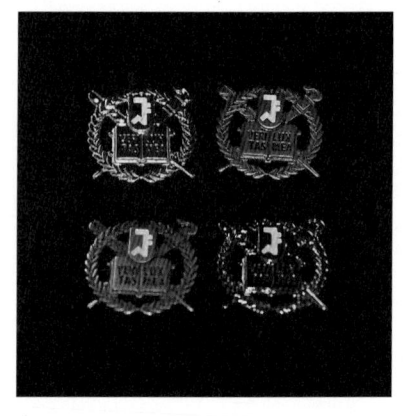

1970년대 서울대 학생 중 농, 임, 어업에 종사하는 자녀들이 비중이 약 12%

정도였다고 합니다.

그러다가 1990년대 들어서 단 2%였다고 합니다.

2000년대는 1%로 급감을 하지요.

2010년대 신입생 100명중 60명은 상위 20%에 속하는 고소득층 자녀로 저소득층 자녀의 13배라 넘습니다.

서울대생들에게 어느 계층에 속하냐는 질문에 중상위층이라고 대답한 학생이 81.2% 였다고 하지요.

서울대 재학생은 전체인구의 0.0006%라고 합니다.

그런데 예전에 누구나 차별 없이 도전할 수 있고, 공부만 잘하면 시골에서 입학할 수 있고, 등록금을 내주었던 온정이 신문을 장식했던 시절은 이제 완전히 사라진 듯 합니다.

힘들게 공부해서 어려운 환경에서 서울대에 입학한 훈훈한 사연들도 신문에서 찾아보기가 아예 불가능해졌고요.

그래서 이제는 서울대를 그들만의 대학이라고 부르는 듯 합니다.

강남 3구의 주택가격이 높아지는 이유가 바로 대학 진학 때문이라고 하지요.

계층간의 사다리 간격이 점점 넓어지는 이유가 바로 부의 차별 심화 때문이고, 이것이 세습에 의해 고착화 되는 현실이 안타깝습니다.

53.
협동과 경쟁의 교육

700년의 식민지에서 독립한 북유럽 핀란드 입니다.
우리나라처럼 강대국에 둘러싸이고 자원이 없는 나라이지요.

1971년 이후 바뀌지 않는 교육정책이 있습니다.
나라의 경쟁력을 위해서지요.

"학교에서 경쟁만을 배우고 협동을 배우지 못한 아이들이 사회의 미래를 책임진다면 과연 그 사회가 경쟁력을 가질 수 있다고 말할 수 있는 가"
"1985년 우열반 폐지"
"교실에서 경쟁은 필요 없다. 협동만이 살길이고 단 한 명의 낙오자도 없는 것이 교육의 목표이다."

"성적표에서 등수를 없애도록 한다"

"오늘은 못하지만 내일은 잘할 수 있고 수학은 못하지만 언어는 잘할 수 있는 건데"

"몇 번의 시험으로 우열을 매겨 낙오자를 만드는 것이 학생 개인에게나 사회 전체에게나 무슨 도움이 되겠는가?"

"경쟁이 아닌 협동, 낙오자가 없는 교육 그것이 더 실용적인 교육방법이다"

경쟁을 최우선으로 하고 낙오자를 만드는 우리나라의 교육이 과연 최선인지, 정말로 국가 경쟁력을 높이고 있는지 한 번쯤 생각해 봐야 합니다.

54.

사토리 세대와 한국의 젊은이들

청년 실업률이 높다고 하지만 저는 그래도 많은 희망을 보고 있습니다. 저의 강의를 신청하는 분들 중에 대학교 재학중인 학생들이 몇 명 있습니다.

저에 쪽지를 보내 강의를 신청하면서 "직업이 없어도 되냐고" 묻습니다. 그러면 "직업이 없어도, 어려도 상관없습니다"하고 답을 해주지요.

반면에 일본은 사토리 세대, 일명 득도 세대 때문에 사회 전반적인 활력이 떨어지고 있습니다.

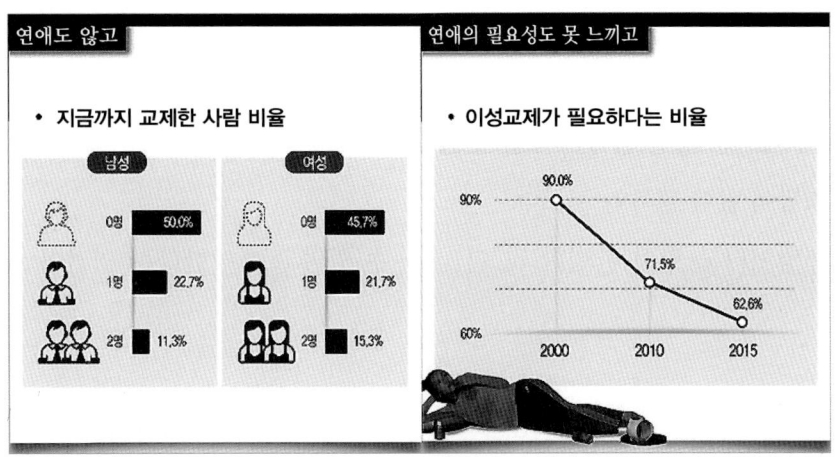

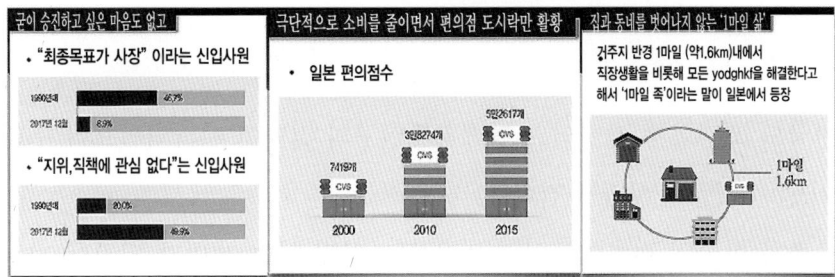

위와 같이 아무런 욕망이 없는 세대는 희망이 없고 불행할 것이라 예측하는데 결과는 반대입니다.

연애도, 가정도, 직장도, 심지어 식욕도 모두 포기하고도 행복하다는 일본의 사토리 세

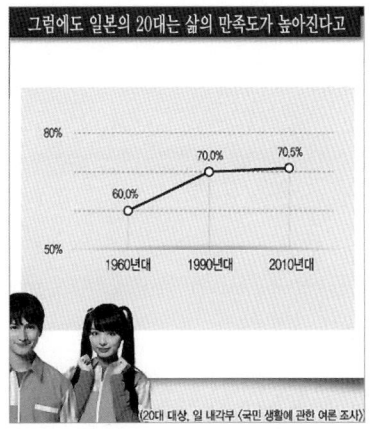

54. • 사토리 세대와 한국의 젊은이들

대를 어떻게 받아 들여야 할지 일본 사회는 큰 고민에 빠졌습니다.

일부에서는 청년 실업률이 높아 한국 청년들은
"희망이 없어 행복한 것보다"
"희망이라도 있어 불행한 것"이 나을 수 있다고 생각한다는 의견이 있더군요.

일본의 현재 1.37개의 기업이 1명을 놓고 구인난에 빠져 있습니다.
그래서 한국 젊은 청년들이 많이 진출하지요.

한국도 고령화가 진행되고 경제활동인구의 절벽이 시작되었으니 구직난이 아닌, 구인난이 시작될 겁니다.
모쪼록 한국의 젊은이들이 희망을 포기하지 않는 세대가 되기를 기원합니다.

55.

루머, 뜬소문, 가짜뉴스

루머, 헛소문, 댓글, 허위

많은 루머와 헛소문으로 우리는 사람들을 판단하기도 합니다.
그리고 댓글과 허위 보도로 사람들을 흠집 내거나 상처를 주기도 하지요.
이 루머를 공식화학 심리학자가 있습니다.
심리학자인 니콜라스 디폰조와 프라샨트 보르디아가 그들입니다.

R = I x A

R : 루머의 강도 (rumor)

I : 중요성 (importance)

A : 불확실성 (ambiguity)

즉, I가 클수록, 또는 A가 클수록 R (루머의 강도)은 커진다는 것입니다.

루머의 강도는 그 루머가 중요할수록, 또는 그 내용이 불확실 할 수록 강해진다는 것이지요.

그들은
"루머란 어떤 집단이 모호한 상황에 빠졌을 때 그 상황을 설명하려는 집단적인 노력"이라고 정의했습니다.

모호함이란 어떤 상황이 불확실하다는 뜻이지요.

사회학자 타코츠 시부타니는 다음과 같이 정의했습니다.
"사람들은 공식적인 정보가 없는 상황에서 그 상황을 비공식적으로 해석함으로써 모호함을 극복하려는 경향이 있다."
"공식적인 정보를 신뢰할 수 없을 때 사람들은 대신 비공식적 추론, 즉 루머를 통해 이를 보상하고자 한다"

위의 I, A중에 한가지가 0에 가까워지면 루머는 없어집니다.
중요하지도 않은 것을 루머화 하지 않으니, I는 상수이고, A는 변수입니다.
A를 작게 만드는 것이 바로 신뢰입니다.

회사 경영진을 신뢰하고, 정부를 신뢰하면, 불확실성인 A는 자연히 작아지게 되고 루머는 없어지게 됩니다.

이 불확실성을 줄이기 위해 기자회견을 자청하고, 악성 댓글에 대해서는 고소,고발을 해서 법적인 불확실성에 대한 판단을 받는 것이지요.

제가 사촌이 땅을 사면 축하를 해주어라 (김박사 룰4)를 말씀 드리는 이유는 남의 것이 아닌 자기 것에만 집중하라는 뜻이기도 합니다.

56.

영어 못하는 선진국 일본

세계에서 제일 영어를 못하는 나라는 아마도 일본일 겁니다. 발음도 정말 못하고 외국인들이 일본에 여행을 하면서 제일 어려워하는 것이 의사소통이지요.

이유가 뭘까요?

그렇게 중요하다는 세계화 시대의 만국 공통어인 영어를 못하면서도 선진국, 경제 대국이 된 걸까요?

1900년대 일본은 근대화에 박차를 가합니다.

그러기 위해서 전국에 영어 소학교를 세우려고 합니다.

그러자 내각에서 아예 영어를 일본어 대신 사용하자는 의견이 나오지요.

하지만 이를 학자들이 극렬히 반대합니다.

그러면 상류층과 하류층의 대화가 안되어 사회적인 분열과 갈등만 조장된다는 것이었지요.

일본이 선택한 방법이 있었습니다.

일본 정부 내에 "번역국"을 설치했습니다.
설치의 목적은 영어를 못해도 선진기술을 습득하는데 지장이 없도록 순수학문, 모든 기술서적을 전부 일본어로 완벽하게 번역하기 위해서지요,

이로부터 누구나 쉽게 서양기술을 접하고 익힐 수 있었습니다.

그로부터 세계 최고의 기술을 아무런 제약 없이 중소기업들도 익힐 수 있었고, 학생들은 영어대신 일본어로 세계 순수학문을 연구해서 노벨상 과학자들을 배출 했지요
노벨 물리학상 7명, 노벨 화학상 7명, 생리학.의학상 2명 등 총 19명을 배출했습니다.

우리나라는 전무하지요.

훨씬 일본사람들보다 영어를 잘하고, 토플 점수도 높고, 유치원부터 영어 조기 교육을 시키는데 왜 이런 큰 차이가 발생할 까요?

유치원, 초등학교 영어교육을 폐지한다고 하니 학부모들이 난리라고 하더군요.

영어를 배우는 이유는 잘 살기 위함이지요.
잘살기 위해서 선진 기술과 지식을 쉽게 터득하기 위해서 입니다.

우리도, 번역부가 설치되어, 인도, 중국, 일본, 미국 등 기술, 시장 선진국들의 문화와 역사, 기술을 모두 번역해서 누구나 그들을 쉽게 이해하고 앞서 나갈 수 있게 한다면 어떨까요?

사교육비보다 훨씬 1/100의 비용으로 할 수 있습니다.

여러분 영어는 훈장이 아니고 좋은 직장을 가지기 위한 조건이 아닙니다.
단지 자신의 경쟁력을 위해 다양한 지식을 습득하는 수단일 뿐입니다.

영어는 상류층과 하류층을 구분하는 계급 구분 수단이 아닙니다.

단지 더 많은 지식을 습득하기 위한 수단의 하나이고, 인도, 중국 등 더 많은 나라들의 지식을 습득하기 위해서는 그 나라의 문화, 역사 지식도 알아야 하는 수단이 필요합니다.

57.
기성세대

복도에서 떠들었다고, 진흙이 조금 묻었다고 회초리로 종아리를 체벌로 받으면서 유년 시절을 보낸 작가가 있었지요.

"학교 안에 있는 모든 어른들이 위험한 존재였다" 라고 회고 했지요.

로알드 달입니다.

제임스와 거대한 복숭아 (1961), 찰리와 초콜릿 공장 (1964), 마틸다 (1988)을 집필한 로알드 달입니다.

무시무시한 거인들로 표현되는 어른들을 향한 복수극이지요.

평론가, 아동 심리학자들은
"어른들에 대한 부정적인 묘사로 가득한 로알드 달의 책은 아이들과 어른들의 관계를 더욱 악화시킬 여지가 있다."라고 비판을 합니다.

하지만 영국 도서관에서 이 책들은 아이들이 너무 많이 빌려보아 책 겉장이 닳을 정도로 인기 폭발이었습니다.

로알드 달은 이렇게 이야기 합니다.

"손을 내리고 무릎을 꿇고
몇 주 만이라도 어린이들처럼 살아 보면
어떤 일은 해라, 어떤 일은 하지 마라 라고
늘 명령만 하는 거인들을
항상 올려다보고 살아야 한다는 사실을
알게 될 겁니다."

고도성장기를 거쳐온 기성세대들은 청년들이 나약하다고만 합니다.
전쟁을 겪으신 노년층은 "너희가 고생이 무엇인지 알아?" 하시지요.

그분들의 눈에는 본인들도 똑같은 어려운 시절을 경험하고 지금까지 살아왔는데 왜 불평만 늘어 놓으냐고 말씀들 하시지요.

선사시대에 수렵 사냥을 하다가 농경생활로 시작된 때에도 똑 같은 일이 있었을 겁니다.
산과 들로 사냥을 위해 얼마나 힘들었는데, 농사짓는 것이 무엇이 힘드냐고

세상은 발달하고, 그 속도는 기하급수로 빨라집니다.
100년의 세월이 10년만에 변화하고, 10년이 1년만에 변화하는 시대에 우리는 살고 있지요.

변화의 속도가 너무 빨라 인간의 능력으로 따라잡기가 어지러울 지경입니다.

어쩌면 지금의 청년들은 변화와 적응이라는 시련에 역사상 가장 힘든 시절을 겪고 있을 겁니다.

이것은 안 된다.
이것은 하지 마라
이것만 해라

그런 말보다
너는 할 수 있다.
최선을 다해라 무엇이든 응원한다.

이런 격려와 응원이 젊은이들에게 필요하지 않을까요 !!!

58.

직업

제 블로그 애독자중에는 젊은 대학생들, 취준생도 꽤 많이 있습니다.

제가 제 책 "가난한 자의 주머니를 채워라", "청년 실업" 등에 대해서 글을 많이 써서 그런지 애독자가 많은 편입니다.

그 분들 중 일부는 금융권에 취직을 한 사람들도 있고, 열심히 취직을 준비하며 본인의 미래를 걱정하고, 상상하며 준비하는 분들도 많습니다.

사실 나이 드신 분들보다, 저와 비슷한 일을 하시는 분이나, 비즈니스와 연관된 분들보다 이런 젊은 사람들을 만나는 게 더 행복합니다.

그 분들에게 무엇인가 도움이 될 수 있다는 것이 제일 좋습니다.

시대가 변천하면서 직업도 많이 발전했지요.
유행 따라, 사회의 풍습에 따라 유행, 최고의 직업은 계속 변했습니다.
요즈음은 요리사인 셰프가 최고로 각광 받는 직업이기도 한 것 같습니다.
며칠 전 셰프 한 분이 강의를 신청해서 무척이나 놀랐지요.

① 로마 시대부터 1900년대까지 좋은 직업 중에 하나가 사람의 소변의 암모니아를 이용하여 흰옷을 세탁하는 직업이었습니다.

② 중세시대에는 촛불로 밤을 밝혀, 극장, 궁정에 촛불의 촛농과 심지 관리사가 대단한 직업이었고요

③ 여성들의 코르셋이 유행할 때에는 탄성 있고 질긴 고래 수염이 원재료로 사용되어 고래수염 기능인이 최고의 직업이었습니다.

④ 공중화장실이 없던 18-19세기에는 이동식 화장실인 긴 외투와 양동이를 들고 다니던 중년 여자분들이 최고의 직업이었다고 하는 군요.

위의 코르셋, 후프스커트, 이동식 공중화장실 등 유행 따라 사회의 풍속에 따라 인기 직업도 계속 바뀌었습니다.

58. • 직업

저에게 질문을 하시는 젊은 이들에게 항상 제가 해주는 말은

① 하고 싶은 일 (꿈)
② 할 수 있는 일 (능력)
③ 해야만 하는 일 (부)
세 가지가 직업을 선택하는데 중요한 기준이라고 말해줍니다.

3가지를 모두 만족하면 최고이지만 2가지만 만족해도 성공이지요..
병원 의사의 아드님이 한 분 계셨습니다.

외국에서 공부하고 돌아와 은행에 취직 시험을 보았는데 번번이 낙방을 했습니다.
저에게 그 젊은 친구가 한 말은 "부모님은 금융인이 되라고 하십니다. 그래서 외국에서 경영학을 공부하고 들어와 시중은행에 취직시험을 응시했지만 번번이 낙방했어요"

"사실 저는 하고 싶은 일이 금융인이 아닙니다"

"작사가가 되고 싶습니다. 노래와 노랫말 짓는 것이 너무 좋아요"

① 해야만 하는 일은 기성세대가 젊은이들에게 강요하는 경제적인 풍요로움과 가장으로서의 돈을 벌어야 하는 일입니다.

② 하고 싶은 일은 사람마다 자기의 꿈을 이루기 위해 선택하고픈 직업이지요.

③ 할 수 있는 일은 하고 싶다고 되는 것이 아니라 정말 그 직업에 대한 소질이 있어 최고의 능력을 발휘 할 수 있어야 합니다.

제 주변에는 나이 때에 따라 위와 같은 고민을 하는 분들이 무척이나 많습니다.

① 취준생등 젊은 이들은 시작전에 올바른 선택을 하기 위해 고민을 하고

② 35세 전후의 가장들은 가장의 무게를 견디기 위해 고민을 합니다.

③ 그리고 나이가 많은 분들은 먹고 사는 것이 해결되지 않은 분들은 이를 해결하기 위해, 먹고 사는 것이 해결되는 분들은 할 일거리 중에 본인의 품위에 맞는 직업을 찾고 다니 십니다.

58. • 직업

하고 싶지만 할 수 없는 일은 해서는 안되고

해야만 하는 일이지만 하고 싶은 일과의 갈등은 슬기로운 해결책을 찾아야 하고 할 수 있는 일이고 해야만 하는 일이지만 해서는 안 되는 일도 있는 법이지요.

자본주의 사회를 사는 우리는 끊임없이 부, 명예, 능력의 유혹과 강요를 받고 살아가는 듯 합니다.

의사 아드님에게 제가 한 충고는 "자네는 해야만 하는 일에 대한 걱정이 없으니, 하고 싶은 일을 해보는 것이 좋겠군. 다만 할 수 없는 일이라는 판단이 들면 포기하도록 하지."였습니다.

세상의 직업은 다양하고 꿈과 부를 이루는 길은 더 다양한 것 같습니다. 따라서 내가 하고 싶고 할 수 있는 일을 찾는다면 돈이 없더라도 행복한 삶을 살 수 있지 않을까 생각합니다.

59.

노블리스 오블리주

여러분들은 노블리스 오블리주의 어원을 아시나요.

로댕의 노블리스 오블리주 동상입니다.

14세기 영국과 프랑스의 100년 전쟁 당시 프랑스 칼레시는 영국군에 대항해서 끝까지 싸움을 합니다.

하지만 끊어진 원조, 지친 시민들은 결국 항복을 하게 되지요.

영국의 에드워드3세에게 항복을 하게 됩니다.

그러자 에드워드 3세는 항복의 조건으로 시민과 칼레시의 생명을 보장하는 조건으로 6명의 교수형을 조건으로 내 겁니다.

모두가 두려워하고 나서지 못할 때 한 명이 나서지요.

칼레시에서 가장 부유한 부자인 외스타슈 드 생피에르 (Eustshe de StPierre) 였습니다.

그리고는 소리를 칩니다.

"칼레시와 시민을 위해 나섭시다"

뒤를 따르는 법률가, 상인, 시장 그리고 금융인, 학자

장데르 (Jean d'Aire),

피에르 드위쌍 (Pierrede Wissant) 형제,

장 드 피엘스 (Jean de Fiennes),

앙드리에 당드르 (Andrieus D'Andres)

그들은 다음날 교수대로 가서 처형을 앞둡니다.

그 때 임신중인 에드워드 3세의 황후의 부탁으로 교수형이 중지 됩니다.

프랑스의 한 역사가 이날을 기록하지요.

60.

발렌벨리가의 신화

스웨덴 주식시장 시가총액의 40%, GDP의 30%를 차지하고 14개의 항공, 가전, 금융, 제약, 통신 등을 소유한 스웨덴 최고의 가문입니다.

5대째 세습으로 가족경영을 하는 기업이지요.

그런데 이런 기업의 후계자들이 특이하게 세계 1,000대 부자의 명단에 단 한 번도 오른 적이 없다는 것입니다.

그리고 또 한가지 특이한 것은 2명의 후계자가 항상 경영을 한다는 것이지요. 견제와 균형을 위해서라고 합니다.

발렌벨리가의 후계자가 되기 위해서는 특이한 과정을 거친다고 합니다.

① 자기의 힘으로 명문대학을 나와야 한다.
② 해군사관학교에 입학해서 강인한 정신력을 키워야 한다.
③ 가문의 도움 없이 국제금융가에서 실무경력을 쌓아야 한다.

즉, "스스로 후계자의 자질을 가졌음을 증명하라" 이지요.

그리고 후계자들이 지켜야 하는 원칙

① 노동자는 경영파트너다. 반드시 노조 대표를 이사회에 참여시킨다.
② 사회는 기업의 토대다. 기업 이익의 85%를 법인세로 사회에 환원하고, 도서관, 병원, 대학에 투자하라.
③ Esse, Non Videri 존재하되 들어내지 말아라.

그래서 스웨덴에서 발렌베리는
자본주의 , 힘, 그리고 봉사의 동의어 라고 합니다.

우리나라의 재벌가, 그리고 갑질, 그리고 후계자들 많은 생각을 하는 것 같습니다.

61.

눈 가린 디케

그리스의 여신 디케(Dike)는 그리스 여신 중 정의의 여신이지요. 왼손에는 옳고 그름을 재는 저울을 오른손에는 누구라도 심판하는 검 한 자루를 가지고 세상의 모든 불의를 심판하는 여신입니다.

 원래 눈을 가리지 않고 누구의 죄던 분명히 가리기 위해 눈을 뜨고 있었지요.

그런데 어느 순간 눈을 가린 것으로 사람들에게 인식되었습니다.

사람들은 편견 없이 지위 고하를 막론하고 누구에게나 올바른 평결을 내리기 위해 눈을 가렸다고 알고 있기도 합니다.

하지만 이는 잘못된 상식입니다.

1494년 르네상스시대 최고의 베스트셀러 제바스티안 브란트의 "바보배"가 출판되었지요.

세상에 존재하는 100명의 바보들을 태우고 항해하는 이야기입니다.

그런데 71번째 바보가 정의의 여신의 눈을 가립니다.

61. • 눈 가린 디케

225

이유는 온갖 소송이 난무하던 시절, 권력자들은 정의의 여신인 디케의 눈을 가려 진실을 보지 못하게 하여 눈먼 정의를 바란 바보들이 원하던 것이지요.

16세기 법관 몽테뉴는 당시 이런 말을 했습니다.
"범죄보다 더 범죄적인 판결을 나는 얼마나 많이 보았던가!"

박종철 사건, 그리고 이명박 대통령 다스 사건 등 탐욕, 어리석음, 사회적 특권에 가려진 정의를 우리는 많이 목격하면서 살아왔지요.

바보배에서 권력과 편견의 바보는 이렇게 말합니다.
"무조건 길게 시간을 끌어라"
"정의 따위 내가 알게 뭐람!"
"적폐? 나하고 관계없어, 디케가 볼 수만 없으면"

62.

마우스랜드

키퍼서덜랜드는 미드 24시의 배우로 유명합니다.

그런데 이 배우는 24시보다 저 자랑스러워하는 자신의 가문이 있었습니다.

바로 캐나다 복지정책과 건강보험의 아버지로 불리는 고 토미 더글라스 주지사의 손자입니다.

1962년 토미 주지사의 주의회 연설의 "마우스랜드"는 무척이나 유명합니다. 추후에 캐나다 유통 및 식품 보통조합소속 NDP(NEW EMOCRATIC PARTY)회원들이 만든 만화영화가 바로 "마우스랜드"입니다.

내용은 다음과 같습니다.
생쥐 나라가 있었습니다. 그 나라의 이름은 '마우스랜드 Mouseland'였습니다. '마우스랜드'는 모든 생쥐들이 태어나서 살고 놀다가 죽는 곳입니다

그들에게도 정부가 있었습니다. 4년마다 선거를 했지요. 선거 때마다 모든 생쥐는 투표를 했으며 정부를 선출했습니다. 거대하고 뚱뚱한 검은 고양이로 이루어진 정부지요.

고양이들은 생쥐들에게 멋진 친구였고 품위 있게 정부를 운영하면서 좋은 법을 통과시켰습니다.

물론 고양이에게 좋은 법이었지요. 고양이에게 좋은 법은 생쥐에게는 그다지 좋지 않았습니다.

법안 중 하나는, 쥐구멍이 고양이의 발이 들어갈 수 있도록 충분히 커야 한다는 것이었습니다. 또 다른 법안은 생쥐가 일정한 속도 이하로 달리도록 규정했습니다.

고양이들이 큰 힘을 들이지 않고 아침밥을 얻을 수 있게 하기 위해서였죠.

이 모든 법은 고양이에게는 좋은 법이었습니다. 생쥐의 삶은 갈수록 힘들어졌습니다.

마침내 생쥐들은 더 이상 참을 수 없다고 생각했습니다. 무언가 손을 써야 한다고 결심했죠.

그래서 생쥐들은 투표장으로 몰려가서 검은 고양이를 퇴출시켰습니다. 그리고 흰 고양이를 뽑았습니다.

흰 고양이는 멋진 정책을 내세웠습니다.

흰 고양이는 마우스랜드의 문제는 둥근 모양의 쥐구멍이라 했습니다. "우리를 뽑아주면 네모난 쥐구멍을 만들겠습니다"고 주장했고 그리고 그렇게 했습니다.

네모난 쥐구멍은 둥근 쥐구멍보다 두 배로 커졌으며 이제 고양이는 두 발을 모두 쥐구멍에 넣을 수 있게 되었습니다. 생쥐들의 삶은 이전보다 더 힘들어졌습니다.

이런 삶을 도저히 참을 수 없게 되자 흰 고양이를 퇴출시키고 검은 고양이를 다시 뽑았습니다. 그리고 다시 흰 고양이를 뽑았다가 검은 고양이를 뽑았다가 심지어 반은 희고 반은 검은 고양이를 뽑기도 했습니다.

한번은 검은 점이 있는 고양이들의 정부를 뽑기도 했습니다. 이들은 생쥐 목소리를 내는 척 하면서 쥐를 잡아먹는 고양이었습니다.

어느 날 생쥐 하나가 나타났습니다. 좋은 생각이 있었지요. 그 생쥐는 다른 생쥐들에게 이렇게 말했습니다.
"우리는 대체 왜 고양이들을 정부로 뽑는 거지?" "왜 생쥐로 이루어진 정부를 뽑지 않는 거지?"
"빨갱이가 나타났다! 잡아 넣어라!" 그는 감옥에 갇혔습니다.
그를 감옥에 가둔 것은 고양이가 아니라 생쥐들이었습니다.

캐나다에서 가장 존경받는 정치인 토미 더글라스 Tommy Douglas(1904~1986)가 1962년 의회에서 연설한 내용입니다. 토미는 '캐나다 의료보험의 아버지'라 불리는 인물입니다.

그는 북미 최초의 사회주의 정부를 이끌었으며 보편적 의료보험을 도입했다. 캐나다인들이 자랑스러워하는 의료보험시스템은 토미의 노력에 의해 성립되었습니다. 50년 전인 1966년부터 연방정부와 주 정부가 각각 절반씩의 비용을 부담하는 공공의료정책을 실시하게 된 것이지요.

그는 1962년 '마우스랜드' 연설을 이렇게 마무리합니다.
"생쥐나 사람을 감옥에 가둘 수는 있지만 생각을 잡아넣을 수는 없다는 것입니다."

50년 전 동서냉전의 극단적 이념이 대립하던 시절, 토미는 공산주의자라는 낙인을 두려워하지 않고 인간 본연의 가치를 제도화 해낸 것이지요.
아직도 미국은 우리나라에서 몇 만원 정도하는 깁스 비용이 수 백만원 정도 한다고 하고 오바마 케어가 이를 폐지하였으나 트럼프가 다시 오바마케어를 폐지 하고 있습니다. 사적 의료보험료가 비싸 보험에 가입하지 못하는 서민들은 '아플 권리'도 없는 것입니다.
비단 의료시스템만의 문제가 아닙니다. 토미가 지적하고 있는 것은, 생쥐 사회에 고양이가 리더가 되어서는 안 된다는 것이지요. 검은 고양이든, 흰 고양이든, 점 고양이든 모두 '고양이'일 뿐. 고양이가 자신들의 이익을 취하기 위해 생쥐에게 던져주는 달콤한 정책은 결국 고양이를 위한 것이라는 점이라는 것이지요.

"너무 혁신적이다.", "포퓰리즘이다." 언론까지 나서서 그를 비난합니다.

토미 주지사의 시절에는 캐나다는 극심한 경제공황으로 실업자가 만연했고, 농토는 가뭄으로 흉작의 연속이었습니다.

토미가 한 일은
① 농가 부채로부터 농민을 보호하는 법안 발의
② 주요 의사 결정에 노동자 교사 농민이 참여
③ 노동부, 사회협력부, 사회복지부 신설
④ 늘어난 부서만큼 주지와 장관들의 급여 삭감
⑤ 캐나다 국민의 65%를 빚지게 한 의료보험제도 폐지

그는 그를 비난하는 언론, 정치인들에게 이렇게 말합니다.

"고양이 여러분
국민을 먹이고, 입히고, 돌보는 것보다 무엇이 더 중요한가요?"

63.

걸리버 여행기

걸리버 여행기를 여러분들은 많이 아실 겁니다.

1726년에 초판이 인쇄되고 바로 금서로 지정되었지요

총 4가지의 나라로 구성되었지요.

① 작은 나라 사람들

② 큰 나라 사람들

③ 하늘을 나는 섬의 나라

④ 말들의 나라

1, 2번은 여러 번 동화로 구성되어 디즈니랜드에서도 영화를 상영한 적이 있습니다.

그래서 여러분들은 걸리버 여행기가 동화책이라고 생각하실 겁니다.

그런데 왜 금서가 되었을까요?

동화가 아니기 때문입니다. 사회운동서 입니다.

저자인 조너선스위프트는 어느날 인쇄업자의 집 앞에 책을 가져다 놓고 "책을 출판하고 감옥에 갈 용기 있는 사람이 인쇄하라"라는 글을 남겼지요.
"내 목표는 세상을 즐겁게 하려는 것이 아니라 화나게 하려는 것이다"

3번 여행지는 하늘에 떠 있는 섬 라퓨타와 지상의 발니바르비입니다.
늘 생각에만 잠겨있는 왕과 귀족이 다스리는 나라입니다.
바람 주머니로 귀를 때려주지 않으면 백성의 아우성도 듣지 못하는 귀족들이 있습니다.
귀족들은 모여서
"언어를 개선하려면 동사와 수식어를 줄여야 해",
"그냥 모든 언어를 없애고 표현을 못 하게 하는 것이 어때"
"인간의 배설물을 원래 음식으로 돌려놓는 연구에 매진합시다"
"막대한 연구비를 투자합시다"
나랏돈만 허비하고 결론이 나지 않는 연구만 하는 왕과 귀족 그리고 전문가들의 나라입니다.

마지막 4번째 여행지는 인간을 다스리는 말, 휴이넘이 있는 나라입니다.
휴이넘이 지배하는 야후들이 있는 나라이지요.
욕심 많고 타락한 욕망을 섬기는 야후들 "내 나라 영국의 정치인과 다르게 없다"

출판, 수정, 재출판이 되지만 3, 4번째는 삭제되고 동화책으로 변신한 책입니다.

맨 마지막 저자는 이렇게 씁니다
"이제 막 여행기를 끝냈습니다. 세상이 이 작품을 받아들일 만한 자격을 갖추고 있기를 기원합니다"

요즈음 채용 비리에 대한 많은 언론 기사를 접합니다.
그리고 여성 차별에 대한 기사도 많지요.

파란색이 자수성가, 노란색이 상속자입니다.
중국은 약 2%가 세습에 의해서 일본은 15%, 그런데 한국은 70%가 상속에 의한 부자이지요.

63. • 걸리버 여행기

235

이것의 가장 큰 이유는 바로 공정한 경쟁이 안되기 때문입니다.

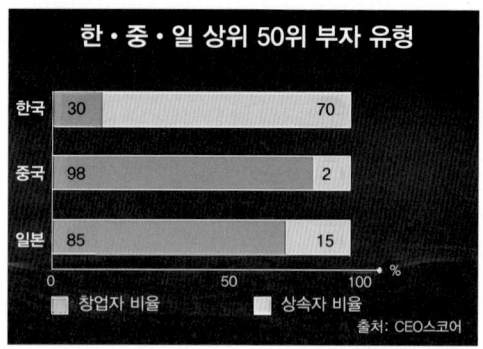

처음에는 교육의 기회가 그 다음에는 채용의 비리가 바로 공정한 기회를 박탈하고 부의 세습을 가능하게 합니다.

제가 이전에 저출산을 해결하려면 여성과 평등한 사회가 되어야 한다고 주장을 했지요. 저출산 문제를 극복한 노르웨이, 스웨덴, 덴마크 등은 일찍이 저출산의 문제가 바로 남녀 차별에 기인한다고 확인시켜주었지요.

64.

바로 알아야 하는 것들

미디어의 홍수 속에 저마다의 논리로 자기의 주장을 펼칩니다.
다만 자기의 이익을 대변하기 위한 논리를 펴는 것이 안타까울 뿐입니다.

자기가 속한 당의 이익을 위해, 자기가 속한 파벌을 위해서, 광고주의 이익을 대변하기 위하여 결국 자기의 이익을 대변하기 위하여 논리를 펴고 주장을 하고 사람들을 잘 못 인도합니다.

저는 나름 진보경제학을 주장하지만, 진보주의자라고는 생각하지 않습니다.
그래서 제가 글을 쓸 때 우리나라처럼 진보와 보수를 경제학 용어가 아닌 정치적 용어로 사용하는 나라에서는 특히 조심스러워 합니다.

역사 속에 교훈으로 현재 이슈가 되고 있는 4가지 문제를 짚어보려고 합니다.
① 최저임금
② 보유세
③ 사교육 및 강남 집값
④ 위안부 문제

[최저임금]

1990년대 초 영국에서는 최저임금제도를 도입합니다. 그 이전에 1890년도에 식민지였던 뉴질랜드가 먼저 도입을 했지요. 이후 영국에서 노동자의 권리와 자본가의 착취를 막는다고 최저임금제도가 도입되었습니다.

1970년대 마가렛 대처 수상이 최저임금제를 폐지합니다. 신자유주의 신봉자인 마가렛 대처 수상이 시장에 대한 과도한 개입은 오히려 국가경쟁력을 낮추고, 실업률만 높이게 된다고 폐지를 했습니다.

폐지 15년 후 빈곤율은 유럽 다른 국가의 2배에 이르는 13.4% (2010년)이었습니다. 토니블레어 노동당이 집권한 후 다시 최저임금제를 부활시키게 되지요.

기업들은
① "월급을 올리면 인원을 감축해야 한다"

② "다른 급여를 줄여 한다"
③ "경기가 후퇴한다"
라고 주장을 했습니다.

이에 정부는 1999년 이후 80회이상 연구용역을 의뢰하고 50여개 대학에서 연구용역을 진행했습니다.

결과는 "고용과 해고는 최저임금제도와는 아무런 상관이 없다." 입니다

1998년 실업률 7.5% -- 5년후 --〉 2003년 실업률 4.7%가 이를 증명합니다.
2010년 보수당이 캐머런 총리마저 이런 발표를 합니다.
"최저임금은 많은 사람이 기대했던 것보다 훨씬 더 성공적인 정책이며 최저임금제도가 실업을 야기한다는 것은 터무니없는 주장이다"
그리고
"영국 역사상 가장 뛰어난 정책이다"
라고 했지요.

다만 한국과 다른 것은 "저임금 의원회"라는 노동자, 기업인, 경제전문가들이 공개적으로 50명이 추천되어 3명의 위원이 선임되고, 이들이 매년 최저임금율을 정부에 권고합니다.

64. • 바로 알아야 하는 것들

이후 영국은 매년 5% 이상의 최저임금율을 유지하고 있습니다.

[보유세]

보유세의 시초를 여러 가지 학설이 있지만 저는 대동법이라고 보고 싶습니다.

땅을 소유한 면적에 따라 공납을 받는 대동법, 땅을 가지지 않으면 공납을 내지 않는 조선시대 후기의 조세제도입니다.

인조 때 김육이라는 문신이 있었습니다. 효종 때는 우의정, 좌의정, 영의정을 역임했지요.

젊어서 화전민을 하면서 서민의 삶을 보았지요. 따라서 그 당시까지 토지를 소유하던, 소작인이던 모두가 똑같이 공납을 내야 했습니다. 그래서 많은 사람들이 유랑자 신세가 되었지요.

이에 김육이라는 분은 인조 때 상소를 올립니다.

"땅을 가진 만큼 세금을 내자",
"토지 1결당 쌀 12두씩",
"토지가 없으면 공납을 낼 필요가 없도록 하자"

이제 지주들은 반대합니다. 그러자 김육이라는 분과 이런 설전을 벌이지요.

"땅이 많다고 세금을 더 내라는 게 말이 됩니까?"
"더 내는 게 아닙니다. 당신들이 받은 혜택을 돌려주는 겁니다"

"대동법은 백성을 불편하게 합니다"
"백성중에 지주들만 불편하지요"

그리고 광해군 즉위년에 경기도를 시작으로 강원도, 충청도로 시행되다가 인조 때 중단된 후 효종 때 다시 개시되어, 김육 사망 후, 호남, 황해도까지 시행됩니다.

조선 최고의 개혁 대동법으로 농민들은 조세부담의 80%를 줄일 수 있고, 조선은 후기의 안정된 번영을 누릴 수 있었습니다.

[사교육과 강남 집값]
① 선행학습은 다른 아이들의 질문 권한을 빼앗는 행위이다.
② 또한 교사의 수업권을 침해하는 행위이다.
③ 더디더라도 아이들 스스로 자기만의 방법을 찾아야 하고 어른들의 단지 지켜만 봐야 한다.

④ 반드시 학생들이 취득해야 하는 2가지 자격증 시험, 자전거와 인명구조

이 나라의 목표는 인간으로서 행복한 삶(여가와 배려)이 교육의 목표입니다.

이 나라는 OECD 수행능력 평가에서 항상 중하위 입니다.
물론 이전에는 최고의 수준이었지요. 그래서 만들어낸 것이 바로 나치입니다.

이후 바뀌었습니다.
① "1등 다툼은 필요 없다."
② "우리 교실은 한두명의 뛰어난 사고보다 모두 깊이 있는 사고를 하기를 원한다."
③ "경쟁 없이 공부해도 사는 데 지장이 없습니다."
④ "다 함께 사는 법을 가르치는 것이 결국 경쟁력입니다."

바로 유럽 최고의 부국 독일 이야기입니다.

강남의 집값이 떨어지지를 않고 오히려 오르기만 합니다.

그곳에 가야 경쟁력 있는 학교에 갈 수 있고, 학원도 잘되어 있고, 아이들도 공부하는 풍토가 자연스럽게 이루어진다고 하더군요.

독일식 배려 교육을 실천하는 학교입니다. 학생들이 눈을 가린 친구를 배려하고, 서로에게 의지하며, 전부가 눈을 가리고 함께 길을 헤쳐나가는 연습을 합니다.

독일의 교육을 우리는 다시 한번 생각해 보아야 하지 않을까요.

[위안부 문제]

독일 부켄발트 수용소, 수많은 유대인 학살과 가스실, 시체해부실이 있는 곳이지요.

이곳은 연합군이 해방시킨 1945년 4월 11일 이후 시계가 멈추어져 있습니다.

1945년 4월 11일

이후에 이곳은 박물관이 되었습니다.

그리고 끊임없이 독일인들이 이곳을 방문하여 본인들이 저질렀던 죄악을 기억합니다.

1970년도 폴란드 바르샤바 게토 기념탑 앞에서 독일의 브란트 총리가 무릎을 꿇습니다.

1985년 바이츠체커 독일 대통령은

"전쟁의 책임이 이전 세대에 있다고 하더라도 독일 군민이 '집단책임'에서 면책될 수는 없다."

라고 하지요.

1998년 콜 총리는
"독일은 나치의 만행을 잊어서도 안 되고 잊으려 하지도 않는다"
라고 합니다.

"기억 책임 그리고 미래"는 전후 배상과 관련한 독일 재단의 이름입니다.
전후 배상과 관련하여 국가 간 법적 문제가 이미 해결되었지만, 독일 정부와 기업은 100억 마르크 (6조원)을 모아서 2000년 재단을 설립했습니다.
어느 나라와 정말 비교되지 않습니까?

65.

강한 울림의 메시지와 데이터 홍수

우리는 수 없는 데이터의 홍수 속에서 살고 있습니다.

그리고 빅데이터 등 모든 현상을 데이터로 설명하려는 시도가 만연해 있지요.

하지만 데이터보다 더 큰 울림을 주고, 사람들을 움직이는 것이 있다고 생각됩니다.

2016년 11월, 민주주의 국가로 세계 최대의

지금은 사용되지 않는 인도의 1000루피 / 출처 게티이미지뱅크

인구를 가진 인도 정부는 부패 근절을 목표로 하는 고강도 경제 개입을 단행했습니다. 정책에 따라 고액권 500루피(8470원), 1000루피(17000원)의 사용이 중지되었고, 단 하룻밤 사이 시중 현금의 86%가 무효화 됐습니다.

갑작스런 화폐 개혁에 서민들은 당황할 수 밖에 없었지요.

지하경제는 인도 경제의 심각한 장애물이었습니다. 최근 공개된 통계자료를 보면 2013년 인도의 전체 인구 중 소득세를 정상 납부한 비율은 1%밖에 되지 않는다. 화폐개혁 정책 시행이 예고된 후 2016년 12월 30일까지 500루피와 1000루피 화폐를 은행에 예금할 수 있는 유예기간이 주어졌고. 이 기간 안에 예치하지 않은 두 종류의 화폐는 통용이 전면 금지됐습니다.

블룸버그가 발행한 한 보고서에 따르면 마감 기한인 12월 30일까지 각 은행에 예치된 총액은 약 14조9700억 루피(약 2200억 달러)로 추산되며, 이는 500루피 및 1000루피 화폐의 총 유통량인 15조4000억 루피의 97%에 달한다고 합니다. 유통 화폐의 대부분이 회수되었다는 사실은 분명합니다.

세무신고를 하지 않은 불법 자산 중 상당수는 은행에 예치하지 않을 것이고, 그동안 돈을 숨겨온 사실을 들키지 않으려는 많은 지하경제 참여자들이 결국 자산을 날리고 말 것이라는 예측이 있었지만, 예상을 뛰어넘는 높은 회수율이 나왔습니다.

이렇게 이유 중 하나는 자산을 소유한 사람들이 온갖 기발한 지혜를 발휘했기 때문이다. 합법적이건 아니건 이들은 현금을 은행에 예치할 수 있는 수많은 방법을 찾아냈기 때문입니다.

전 미국 재무장관이자 하버드대 교수인 래리 서머스Larry Summers가 말한 대로 "사용 빈도가 낮은 고액권 지폐의 유통을 중단시키는 것은 괜찮았을 것이다." 그런데 인도 정부가 유통을 금지시킨 500루피와 1000루피 지폐는 인도의 전체 화폐 유통량의 86%를 차지합니다. 이처럼 널리 사용되던 화폐의 유통을 중단했으니 빈곤층을 포함한 모든 사람들에게 막대한 사회경제적 영향을 미쳤습니다.

게다가 부패한 고액자산가가 부정하게 모은 재산을 현찰로 보관하는 경우는 거의 없었고. 은닉자산의 극히 일부만이 현금일 뿐이었다고 합니다. 소득세 조사에 대한 분석에 따르면 인도인들의 은닉자산 적발이 최대 규모로 이루어진 시기는 2015~2016년 사이인데, 여기서 현금 비중은 고작 6%였고 나머지는 사업체 지분, 주식, 부동산, 귀금속, 또는 '베나미benami'로 불리는 차명 구입 자산의 형태로 존재했다고 합니다.

결과는 부정부패를 척결하려면 채찍과 당근을 내밀며 장기적으로 문화적, 제도적, 행동적 변화를 이끌어내는 체계적인 접근이 필요한데. 급진적인 화폐개혁과 같은 이른바 '원샷'식 정책은 효과가 없다는 것이었지요.

한편 화폐개혁으로 의외의 승자로 떠오른 것은 모바일 월렛, 즉 전자결제 사업자들이라고 하지요. 사용자가 1억7000만 명에 달하는 선도업체 페이팀 Paytm의 경우 화폐개혁이 진행되는 동안 트래픽이 435%, 거래 건수와 액수가 총250%씩 증가했다고 합니다.

게다가 이 시기에 정부도 혁신적인 역량을 발휘해서 인도 정부가 공식 지원하는 전자결제 어플리케이션BHIM을 활용해 계좌 이체가 더 편리해졌고, 이제 BHIM 사용자들은 12자리 숫자로 된 고유코드만 입력하면 돈을 보낼 수 있었다고 합니다.

이렇게 손쉽게 사용 가능한 BHIM은 기존 휴대전화까지 지원하므로 굳이 인터넷에 연결된 스마트폰도 필요 없었고 다시 말해 BHIM은 모두를 아우를 수 있는 어플리케이션으로 개발된 것이며, 지속적인 개선을 통해 거대한 인도시장 전체로 확장해 나갈 가능성이 충분하다는 것을 입증했지요.

또한 정부는 주유소, 병원, 대학에서 이루어지는 모든 금융 거래에 전자결제 시스템 적용을 의무화하고, 4,500달러 이상의 현금 거래는 어떠한 경우에도 금지하도록 하는 방안도 준비하고 있습니다.

인도철도공사는 온라인으로 예약하는 승차권에 서비스 수수료를 부과하지 않을 예정이며, POS 기기와 지문인식기로 결제하는 승차권에 대해서도 정부가 단계적으로 세금을 면제하기로 했습니다.

정책 자체에 존재하는 몇 가지 범실을 빼고 보면 위와 같은 조치들은 전자결제 분야와 사용자 친화적 기술 생태계에 분명한 활력소 역할을 했다고 볼 수 있습니다.

거대한 울림의 메시지

결과적으로, 인도 국민은 통화예금비율, 현금성 불법자산 비율, 복잡한 GDP 성장률 계산공식 등과 같은 서류상의 기준으로 모디 정부의 정책을 평가하지 않았습니다. 화폐개혁 때문에 모든 인도 국민들은 어떤 형태로든 혼란과 불편함을 겪어야만 했지요. 그럼에도 불구하고 정부가 보통 사람의 편에 서서 부정부패와 싸우고 있다는 메시지가 그들에게 가장 호소력이 있었습니다.

화폐개혁 정책의 타당성에 의문을 제기하는 사람들에게 모디 총리가 직접 대답한 바 있습니다. 웃타르프라데시 주에서 선거운동을 할 때.

"한 편에는 하버드 교수들의 발언을 근거로 화폐개혁에 반대하는 무리가 있습니다.

또 다른 한 편에는 경제를 발전시키기 위해 열심히 노력하는 가난한 청년이 있습니다."

3월 11일, 모디 총리가 이끄는 정당은 웃타르프라데시 주 선거에서 압도적인 승리를 거두었습니다. 우리가 빅데이터 시대의 도래를 자축하는 동안, 어쩌면 가장 중요한 결정은 "큰 메시지"가 내리는 것일 수 있다는 것을 증명한 셈입니다.

정치인이 대중의 이익을 위해 싸우고 있다는 느낌을 준다면, 데이터나 역사적 사례 등 사실에 기반한 요소들은 선거 결과에 큰 영향을 미치지 못한다는 것을 증명한 셈입니다.

결론적으로, 메시지는 데이터를 이긴다. 이것이 인도의 화폐개혁 스토리의 시사점인 셈입니다.

66.

LIVING IS BUYING

아래의 그림은 서인도 제도의 사탕수수밭에서 나온 설탕을 사지 않겠다고 하는 설탕 컵입니다.

18세기 영국은 노예 무역제도가 있어서 많은 아프리카 노예들을 서인도에 끌고가 사탕수수 농장에서 일을 시켰지요.

당시 노예제도를 적극 지지한 사람들은 왕족, 귀족, 군인들이었습니다.

이에 노예제도의 비극을 안 소비자들이 서인도제도 설탕 불매운동을 벌였고, 다음해 서인도 제도의 설탕 판매량은 1/3로 줄고, 노예를 사용하지 않은 동인도의 설탕 판매량은 2년간 10배가 상승했습니다.

결국 1800년대 초 노예제도는 폐지 되었습니다.

일부에게만 투표권이 있던 시절, 모든 사람이 가지고 있던 소비 권한을 사지고 있던 시민들이

"소비의 방식이 바뀌면 세상이 바뀔 수도 있음을 인식"한 것입니다.

미국 소비자 단체 NCL 초대 대표인 플로렌스 캘리는 다음과 같이 말했습니다.

"산다(LIVE)는 것은 산다(BUY)라는 것이다.
산다(BUY)라는 것은 권력이 있다는 것이다.
권력이 있다는 것은 의무가 있다는 것이다"

현대의 자본주의는 생산=소비 인 시대입니다.
어떤 것을 소비하느냐는 소비자들의 권리이지요.
그리고 소비자들의 권력입니다.

한국의 경제도 소비의 둔화로 인한 저성장 프레임에 갇힌 것이지요.

우리나라에서도 소비의 둔화에 대한 움직임이 생겨나고 있지요.

마르크스는 다음과 같이 말했습니다.

"자본가가 노동자들을 착취하여 노동자들이 소비를 못 하면 자본수익률이 0이 되어 자본주의는 멸망한다."

그런데 토마 피케티는 1820-2010년까지 자본수익률이 각 국가마다 4% 아래로 떨어진 적이 없다는 것을 증명했습니다. 즉, 자본수익률은 경제성장률보다 영원히 높을 것이라는 것이지요.

하지만 반대로 자본수익률이 경제성장률보다 높을 경우, 임금소득자의 경제력보다 자산가들의 경제력이 커져서 소득 불평등이 극에 달해 경제공황이 온다는 사실도 증명했지요.

"결국 부모에게 재산을 물려받는 상속 엘리트가 열심히 일하는 임금 소득자들을 지배하는 불평등 사회가 나타나고 18세기 세습자본주의로 돌아가게 되면 자본주의는 우리가 살고 있는 민주사회의 근간인 능력주주의 가치를 송두리째 흔들어 버릴 것이다"라고 주장했습니다.

자수성가 출신 억만장자의 80%는 미국과 중국에 있다고 합니다. 미국의 페이스북 창업자 저커버그, 중국 드론 시장의 청년 갑부 왕타오.

중국은 자수성가 출신부자가 98%, 한국은 13%입니다.

개천에서 용이 나와야 하는데, 개천이 말라버린 현실이 안타깝습니다. 낙수효과는 더 이상 존재하지 않고, 개천에서 용나는 흙수저의 세상이 어렵다면 한국의 미래는 암담하기만 하지요.

67.
핑크펭귄

핑크 펭귄

우리는 다큐멘터리 "남극 펭귄의 눈물"을 보아도 신기한 것이 모든 펭귄들이 비슷하게 생겨서 그들이 자기 짝을 찾거나, 자기 새끼를 찾아내는 것을 신기하게 생각합니다.

겉모습도 울음소리도 너무나 흡사하지요. 심지어 몸집까지도 비슷합니다.

저자는 현재 우리가 살고 있는 사회를 펭귄 무리로 표현합니다.

수많은 상품과 기업들이 등장하고, 심지어 글로벌 시대로 인해 외국에서 유사한 제품과 기업들이 쏟아져 나옵니다.

모두들 같은 부류의 무리이어서 고객의 입장에서는 구별이 쉽지 않습니다.

그래서 고객은 너무나 많은 펭귄들을 구별해주고 가격을 비교해주고 성능별로 구별해주는 플랫폼 앱을 사용합니다.

그런데 이런 펭귄 무리 중에 핑크색 펭귄이 있다면 눈에 확 뜨일 겁니다.

그래서 결론은 핑크색 펭귄이 되어야 하고 핑크색 펭귄이 되기 위한 방법을 집필한 책입니다.

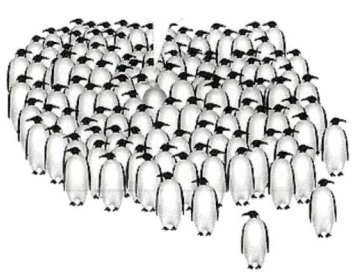

제조업에서 서비스업으로

농경사회에서 산업혁명을 거쳐 제조업의 사회가 지난 100년간을 지배해왔습니다.

제가 항상 말했듯이 제조업의 사회에서는
| 얼마나 빨리,
| 얼마나 대량 생산을,
| 얼마나 싸게

만드느냐가 관건이었고, 그렇게 만든 제품은 무조건 고객들이 사던 시대였습니다.

그런데 이제는 너무나 비슷한, 너무나 많은, 너무나 저렴한 제품이 유사하게 많이 등장했지요.

결국 소비자가 선택하는 우위의 시대, 공급자가 "을"인 시대가 되었습니다.

따라서, 고객의 눈으로 바라보고, 고객과 공감하지 않으면 유사한 제품의 품질, 가격에서 차별화 될 수 없다는 것입니다.
즉, 서비스의 질이 높지 않으면 절대로 고객의 관심을 끌지 못한다는 것입니다.

구르메 효과

Gourmet의 원 뜻은 미식가라는 말입니다. 패스트푸드 음식이 아닌 고가이지만 자기 원하는 음식만을 취하는 미식가, 도는 식도락가라는 뜻이지요.

저자는 물건을 파는 사람뿐만 아니라 사는 사람들도 펭귄 무리로 표현합니다. 그런 고객들에게 당신은 패스트푸드를 찾는 사람이 아니라 전문 음식점을 찾는 식도락가라는 인식을 심어주어야 한다고 합니다.

즉, 물건을 사는 당신은 일반 무리의 다른 사람들과 차별되는 사람이라는 인식을 심어주어야 한다고 합니다.

예를 들어 호텔에서 일반 객실을 90%, 스위트룸을 10% 정도 유지하는 이유는 스위트룸을 찾는 고객이 있기 때문이라고 하지요. 즉, 몇 배의 가격을 지불해도 자신을 펭귄무리와 차별화 하고 싶어하는 사람들은 존재한다는 것입니다.

명품족들이 바로 이런 사람들이지요. 인간의 본성이기도 합니다. 명품을 비싼 가격을 주고 사는 이유는 평소에 가성비를 따지던 사람들도 내면에는 다른 사람들과 자기를 차별화 하고픈 본성이 있다는 것입니다.

또 다른 구르메효과로 소비자 집단을 전문화 하라는 조언을 합니다.

예를 들어 보험서비스 같은 경우, 우리는 너무나 일률적인 보험 서비스가 있어서 사용자 입장에서는 그게 그것 같다는 것을 느낍니다.

그런데 어떤 보험 판매원이 자기의 고객을 세분해서 자기는 치과의사들만을 전문으로 하는 보험을 판매한다고 가정합니다. 그러면 치과에 대한 전문적인 보험서비스로 차별화 되고, 보다 양질의 서비스를 제공할 수 있을 뿐만 아니라, 치과의사들은 보험 판매원을 통해 다른 치과들의 동향도 파악할 수 있으니, 이 보험 판매원 만을 찾을 걸이라는 것이지요.

또한 치과 전문 보험 판매사라는 이유로 가격을 높이는 것을 잊지 말라고 조언합니다. 이유는 치과의사들이 나는 다른 사람들과 차별화 되어 다른 제품을 사용하고 있다는 세뇌를 위해서 당연히 높은 가격을 지불하게 해야 한다고 합니다.

고객의 눈으로 바라보아라
두 번째로 고객의 눈으로 바라보고 권합니다. 그리고 고객의 눈으로 바라볼 수 있다면 고객의 진정한 전략적 파트너가 될 수 있다는 것이지요.

예를 들어 보지요.
회계사를 찾는 사람이 있습니다. 우리는 그에게 다가 가서, 우리 회사의 업적과 인력 구성, 그 동안 회계 업무를 했던 기업들을 줄줄이 나열합니다.

그런데 고객이 듣고 싶은 것은 이런 것이 아니라고 합니다. 그와 유사한, 또는 그보다 훨씬 유능한 회사들은 많다는 것입니다.

저자는 그래서 고객의 눈으로 고객이 찾고 있는 것을 찾으라고 합니다.

예를 들면, 아이를 학교에 4시까지 데리러 가야 하는 주부가 있는데, 중간에 차가 고장 났다고 합니다.

그래서 정비소에 갔더니, 피스톤 베어링 링과 윤활유가 가스킷에 문제가 있다고 전문적인 설명을 잔뜩 늘어놓습니다.

고객이 알고 싶은 것은 알지도 못하는 전문적인 기술 이야기가 아니라 4시까지 고칠 수 있느냐 이지요.

그 고객이 다시 정비소를 찾고 정비소에 단골 손님이 되려면 정비업체 사장은 다음과 같이 이야기해야 한다고 합니다.

"뭐 약간의 기계적인 결함이 있는데, 3시30분까지는 수리가 가능합니다."
"요즈음 아이들은 무척이나 바쁘지요. 제시간에 학교 마치고 또 학원 수업을 위해 가야 하니, 부모님들이 정말 힘들어요"
"그런데, 차를 미리미리 정비하지 않으면 이런 갑작스러운 문제가 발생할 수도 있지요. 그래서 정기점검을 받아두는 것이 좋습니다."

여러분이 고객이라면 자기의 처지를 알아주고 공감해주는 정비소의 단골이 안 될 수 있나요?

고객이 알고 싶어 하는 것은 언제까지 고칠 수 있느냐이지, 기술적인 결함이 아닙니다.

회계사도 마찬가지지요.

듣고 싶은 것은 우리가 얼마나 유능하냐가 아니라 자기가 얼마나 절세를 할 수 있느냐 입니다.

전략적 파트너

이렇게 소비자와 공감대를 형성해서 소비자가 공급자를 전략적 파트너로 인식하게 만들면 소비자는 알아서 공급자를 찾는다는 논리입니다.

이 책에서는 다양한 예제를 들었습니다.

[1차적 추구하는 것]

회계사에게 원하는 것 : 세무적 기능

금융 서비스에게 원하는 것 : 돈을 버는 것

비즈니스 컨설턴트에게 원하는 것 : 사업 창출

의료서비스 : 질병을 고치는 것

패션 : 멋져 보이는 것

[최종 추구하는 것]

회계사에게 원하는 것 : 절세

금융 서비스에게 원하는 것 : 꿈꾸던 삶을 이루는 것

비즈니스 컨설턴트에게 원하는 것 : 사업목표를 달성하는 것

의료서비스 : 건강한 삶을 사는 것

패션 : 자신에 대해 기분 좋게 느끼는 것

그래서 저자는 고객이 최종적으로 추구하는 것을 주는 공급자가 바로 전략적 파트너가 되고, 고객과 유대감을 가질 수 있어 충성고객으로 유도할 수 있다고 조언합니다.

대표적인 예로 장의사 업체를 예로 들었습니다.

장의사를 찾는 사람들이 원하는 것은 최종적으로 유족이 위로받는 것이라고 합니다.

조화, 관, 운구 등의 서비스가 아니라는 것이지요.

그래서 모든 업무의 절차가 철저히 유족들을 위로하는 서비스로 구성되어야 한다고 합니다.

현재 미국의 제1의 장의 서비스 업체는 회사를 방문하면, 그 회사의 브로셔에는 자기네의 서비스, 자동차, 화환, 직원들이 들어 있는 것이 아니라, 자

기들이 모신 고객들의 업적을 기리는 내용이 들어 있다고 합니다.

그래서 유족들은 이렇게 돌아가긴 분을 위로하고 기록하는 업체를 최고의 업체로 평가한다고 하는군요.

필자는 고객의 최종 목표가 바로 최상의 이득을 쟁취하는 것이고 판매자가 자기의 최상의 이득을 이해하고 그것을 제공하는 공급자에게 남들과 다른 높은 가격을 기꺼이 용인한다는 것입니다.

3C

마지막으로 필자는 3C를 제안합니다.

- 관심 (Caring)
- 코칭 (Coaching)
- 코디네이션 (Coordination)

회계사를 예로 들지요.

단순히 회계감사를 기계적으로 하는 것이 아니라, 고객의 사업에 관심을 가지고 공감대를 형성해야 한다고 합니다.

그리고 일반적으로 절세를 하기 위한 방법을 해당 고객의 사업에 맞추어 코칭을 해야 한다고 하지요.

그리고 마지막으로 앞으로 어떻게 회계 실무를 해야 하는 지를 해당 고객의 사업마다 코디네이션에서 알려주어야 한다고 합니다.
그래서 고객이 회계사를 전략적 파트너, 나의 사업에 최적화 되어있는 파트너로 인식되게 해야 한다고 합니다.

회계사 여러분 이제부터 어떤 회사의 회계 감사를 나갈 때 본인 스스로 핑크 펭귄이 되려고 노력을 해보세요.

내가 나간 회사가 어떤 회사이고, 그들이 무엇을 팔고, 무엇을 만들고, 그들의 시장이 요즈음 어떤지 미리 조사해 나가, 대화 속에 자연스럽게 동질감과 유대감을 느끼게 하고 그들이 최종적으로 원하는 최종이득인 절세를 위한 것을 강조하고 우리 회사의 우수성이나 업력 따위는 우리가 다른 펭귄과 같다는 말이니 집어치우고, 일이 끝나고 상대방이 우리를 전략적 파트너로 인식하고 있다면 여러분은 정말로 핑크 펭귄 회계사가 된 것일 겁니다.

68.

리더와 보스

보스는 공을 치기 위하여 부하를 도구로 이용하여 상처를 주지만 리더는 부하를 길러주는 역할을 합니다.

보스는 부하의 실수를 맹비난하지만 리더는 실수에 대처하는 방법을 알려주고 스스로 실수를 인지하게 합니다.

보스는 명령하지만 리더는 부하를 스스로 생각하게 발전시킵니다.

논공행상을 할 때 보스는 자기를 높이지만 리더는 우리를 높입니다.
보스는 "I" 리더는 "WE" 라고 이야기 하지요.

보스는 네가 먼저 가라 리더는 내가 먼저 가마

보스는 어떻게 하라고 지시하고 리더는 어떻게 하는지 보여줍니다.

보스는 혼내기만 하고 리더는 포기하지 않고 버리지 않고, 키워냅니다.

69.

위대한 개츠비 곡선과 개천, 그리고 용

사회가 공평한 가를 알려주는 경제학의 지표로 위대한 개츠비 곡선이라는 것이 있습니다.

'위대한 개츠비 곡선'에서 X축은 불평등을 나타내는 지니 계수이고 Y축은 부모의 소득에 따른 계층 간 소득 탄력성을 나타냅니다.

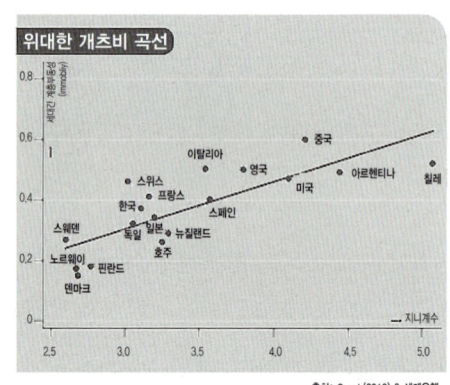

부모 소득에 따라 자식의 소득이 변화할 수 있는 계층 이동 가능성을 표시하지요.

또 다른 지표 중에 하나가 상위 부자의 유형입니다.

한국은 창업자가 30%이고 중국은 98%, 일본은 85%, 그리고 미국은 70%입니다.

즉, 한국은 부모의 소득에 따라 자식의 소득이 극심하게 종속된다는 뜻입니다.

우리나라 속담에

개천에서 용이 나왔다
라는 말을 많이 합니다.
즉, 척박한 집안 환경에서 뛰어난 인물이 나왔다는 뜻이지요.

하지만 이제는 용은커녕 이무기도 나오기 힘든 세상이 되었습니다.

제가 개인적으로 아담스미스 이후에 가장 존경하는 경제학자중 한명인 에드먼드 펠프스는 다음과 같은 말을 했습니다.

"다수의 개인이 도전하고 모험하며 일로부터 만족을 얻고 정당한 보상을 받는 것이 좋은 사회고 자본주의 궁극적인 목표이다."

그런 펠프스도 모든 사람에게 공평한 경쟁과 기회가 부여되기 위하여 교육을 중요시 했습니다.

교육열이 높은 우리나라는 다른 복지국가에 비해 자원을 계층별, 개인별로 사유화하는 경향이 강합니다. 교육에서 정부가 부담하는 비율이 65%이고 민간이 부담하는 비율이 35%로, 경제협력개발기구(OECD) 평균(13%)보다 민간 부담률이 3배 가까이 높지요. 핀란드처럼 복지와 교육 수준 둘 다 높은 나라의 민간 부담률보다는 12배 높습니다.

다시 말하면 한국은 부모의 경제 수준이 자녀의 교육 수준을 결정할 수 밖에 없는 구조라는 것이지요.

결국 개천에서 용이 나오려면 개천을 풍성하게 만들어야 하는데, 개천을 풍성하게 만들 수 있는 자원이 부족하여 개천이 말라가다 보니, 용이 나올 수가 없다는 이야기 입니다.

우리 사회가
★부의 세습이 아닌 자수성가한 사람들이 부를 창출하는 사회가 되고
★그러기 위해서 공정한 경쟁과 기회가 배분되고
★정부가 교육열을 조장하지 말고, 공평한 교육 여건을 지원하고
★많은 사람들이 모험을 하여 사회, 경제를 탄력 있게 만들도록 청년들에게 실패할 권리를 주는 것

이것이 중요하고 우리 경제의 위기를 극복할 수 있는 길이라 생각됩니다.

70.
금수저 흙수저

오늘부터 청년실업과 스타트업에 대하여 시리즈를 하려고 합니다. 오늘은 그 첫 편으로 공정한 경쟁이라는 주제를 다루려고 합니다.

우리나라 사회는
★가족 간의 경쟁 (부의 세습)
★학교 간의 경쟁 (학벌)
★지역 간의 경쟁 (지역주의)
의 경쟁이 존재하는 사회입니다.

그 중 가족간의 경쟁 (부의 세습)이 공정한 경쟁을 저해하는 커다란 요인입니다.

옆의 도표는 한중일 세나라의 상위 50위 부자의 유형입니다. 한국은 30% 만이 창업자이고 70%가 부의 세습으로 부자가 되었고, 중국은 98%가 창업으로 부자가, 일본도 85%가 창업으로 부자가 된 경우입니다.

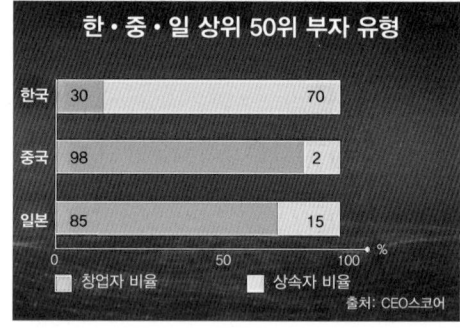

한국은 옆의 도표에서 알 수 있듯이 금수저, 흙수저가 극명한 나라입니다.

왜 이런 일이 일어날까요?

위와 같이 대기업이 내부자 거래를 이용하여 일감을 몰아주기 해주기 때문입니다.

이렇게 막대한 일감 몰아주기로 부를 상속하다 보니, 부의 세습이라는 악순환이 일어나고 있는 것이지요.

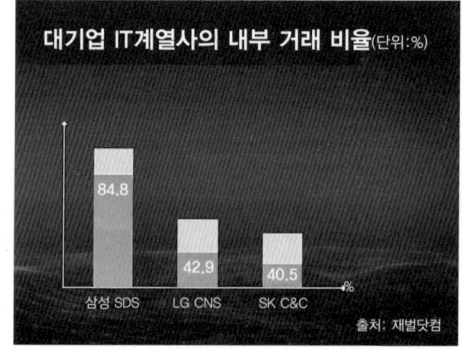

이런 사회적인 풍토가 공정한 경쟁을 막고 있는 것입니다.

우리나라에만 있는 금수저, 흙수저라는 단어는 우리나라의 경직된 사회구조를 그대로 반영하고 있는 것입니다.

제가 부의 조건이라는 포스팅에서 베네치아를 예로 든 적이 있습니다.

베네치아는 이탈리아에서 주변의 이민자들이 세운나라로 국토의 80%가 물에 잠기는 척박한 국가였습니다. 하지만 귀족과 평민이 모두 참가하는 평의회를 세워, 유럽의 최강국가로 500년을 유지했지요.

하지만 말년에 귀족들이 귀족들만의 평의회 참가와 귀족들만의 선박과 무역을 독점하게 되면서 50년만에 급격한 쇠퇴를 맞이하여 결국 몰락한 중세국가입니다.

이렇게 폐쇄적인 극도의 이기심이 발달한 나라는 망하는 길로 가는 것을 스페인, 로마 등에서도 우리는 잘 볼 수 있습니다.

우리나라의 공정한 경쟁을 유도하지 못하는 사회구조하에서는 청년실업과 스타트업의 활성화는 말의 잔치로 끝나게 됩니다.

민주주의, 자본주의는 공정한 경쟁을 근본으로 하고 있고, 이를 통하여 경제와 사회체제가 발전하는 체제입니다.

금수저, 흙수저의 나라는 오명을 우리나라가 하루빨리 벗었으면 합니다.

71.
중국 스타트업

중국의 스타트업 기업 중 대표가 1990년대생인 세대를 주링허우 세대라고 합니다.

이들은 거침없는 도전과 세계의 소프트 업계에 신선한 충격을 던지면서 빠르게 성장하고 있습니다.

중국의 주링허우 세대는 1980년대 세대인 바링허우와도 다릅니다.

2016년 미국 CES에 참가한 국가별 업체 수입니다. 중국이 한국의 10배 정도이군요.

중국에서는 젊은이들이 1분에 7개, 하루에 11,000개의 기업을 창업하고 있다고 합니다.

이렇게 많은 기업들을 창업시키는 젊은이들의 용기 있는 도전에는 사회적인 분위기가 한몫을 하고 있습니다.

특히 중국 부모들의 창업을 지원하는 열기는 한국에서 안정된 직장인 9급 공무원 시험을 준비하라고 하는 부모들과 많은 대비가 됩니다.

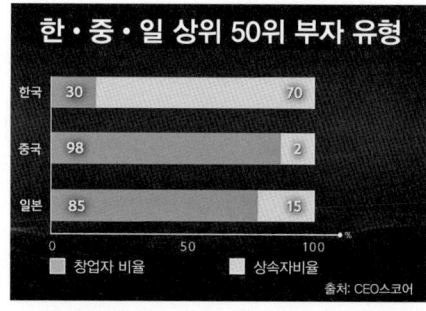

71. • 중국 스타트업

그래서 중국은 98%가 상속을 받지 않은 부자들인데 반해 한국은 가문의 금수저를 가지고 태어나야지만 부자가 되는 악순환이 일어나고 있습니다.

바로 공정한 경쟁이 이루어지고 사회가 개방적이고 혁신적이라는 증거입니다.

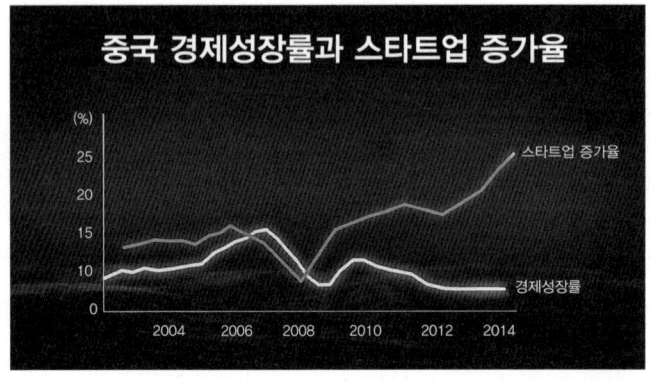

중국은 경제성장률이 둔화되고 있다고 많은 나라들이 세계경제 위기의 첨병 역할을 하고 있다고 걱정들 합니다.

하지만 정작 중국은 이렇게 청년들의 창업으로 세계의 공장이 아닌 세계의 첨단 기술단지로 변화하고 있는 것이지요.

저희 딸이 중국에서 근무하다가 한국에 들어오면 핸드폰 앱들이 너무 불편하다고 중국보다 훨씬 기능도 적고 사용하기도 불편하다고 합니다.

예를 들어 중국의 한 앱은 한 사람이 식당에서 계산하면 몇 명이 나누어 낼지, 얼마씩 낼지 누구누구인지를 확인하면 바로 각자의 구좌에서 해당 금액만큼이 인출되는 소프트웨어가 있어 식당에서 더치페이가 쉽다고 합니다.

한국에서는 꿈도 꾸지 못할 이야기 이지요. 공인인증서에 active X등 절차도 시간도 모두 너무 복잡합니다.
청년이 앞으로 2020년 이후 그 나라의 부를 결정짓는다고 합니다.
3포, 5포 세대들이 난무하는 일본과 한국과 끊임없이 도전하는 중국의 청년들은 어쩌면 미래의 한·중·일을 미리 보는 듯 합니다.

72.

우뇌와 좌뇌

인간의 좌뇌는 이성을 컨트롤하고, 우뇌는 감성을 컨트롤 하는 것으로 알려져 있습니다.

고전 경제학은

*** 인간은 합리적인 선택만을 하고,
*** 완벽한 절제감을 발휘하며,
*** 이기적인 인간이라는

전제를 하고 이론을 펼칩니다.

바로 호모사피엔스 (현명한 인간)이라는 것을 전제로 하는 학문이었습니다.

그런데 이 전제가 많은 문제를 안고 있어서 고전 경제학이 설명할 수 없는 상황이 많이 발생하게 되었습니다.

*** 충동적 구매 (수요와 공급의 법칙에 위배)
*** 유혹에 빠진 행동 (금연, 금주 등)
*** 배타적 행동 (자선, 기부 등)

다시 말해 인간은 좌뇌보다는 우뇌에 조정을 더 받는다는 것이 밝혀지면서 난처한 입장에 처하게 됩니다.

혹시 여러분 Brainstorming (브레인스토밍)이라는 단어를 많이 들어보신 적이 있을 겁니다.

가장 합리적인 정책이나 방향을 이끌어 내기 위하여 여러 사람들이 모여서 의견을 나누는 것이지요.

그런데 요즈음은 Heartstorming(하트스토밍)이라는 단어가 대세가 되었습니다.

합리적인 선택이 아니라, 사람의 마음을 여는 방법을 논의한다는 것입니다.

폴란드를 방문한 독일 총리 브란트가 무릎을 꿇고 사죄를 하여 폴란드 사람들의 마음을 녹였고, 이스라엘을 처음으로 방문해서 독일이 유대인에게 행한 만행에 대하여 진심으로 사죄를 하였습니다.

이명박 대통령은 촛불시위에서 여론을 알지 못하고 사죄가 늦어져 국론의 분열을 가져왔습니다.

아베는 사죄 대신 돈으로 위안부 문제를 해결하려는 좌뇌의 행동을 보이고 있습니다.

바야흐로 우리는 감성의 시대에 살고 있습니다. 합리적인, 뛰어난 머리를 가지고 세상을 설명하려거나, 이해시키려 하지 말고, 감성으로 마음을 열고 상대의 마음을 여는 정책을 펴야 하는 시대가 되었습니다.

- 기득권층과 소외된 계층의 극한 대립.
- 나만 잘 살면 된다는 양보 없는 생각.
- 부익부 빈익빈의 심화
- 노조와 기업의 한 치의 양보도 없는 대립
- 청소년 실업률의 심화와 노령층의 복지 문제 등

절대로 brainstorming으로는 해결할 수 없는 난제들의 해결책은 Heartstorming일지도 모릅니다.

우리의 사회가 상대의 마음을 얻는다는 것을 중요시하는 사회가 되었으면 합니다.

73.

우리는 차별을 원한다

"우리는 차별을 원한다"는 최근에 나온 도서입니다.

이 책에 대학에서 KTX의 비정규직 직원들이 정규직 전환을 두고 사측과 소송을 하는 이야기가 나옵니다.

그런데 현재의 대학생들이 다음과 같은 시각을 가지고 있다고 합니다.

"정규직 전환에 반대한다. 단순히 약속만 가지고 대학생들이 철도공사에 들어가기 위해 피땀과 돈을 투자하는 것에 비하면 여승무원들은 무임승차하는 것과 같다. 따라서 정규직 전환을 반대한다."

필자가 대학을 다니던 시절인 1980년대는 공장에서 취업하는 사람들과 열악한 근무환경에서 일하는 비정규직들을 위해서 투쟁하던 시절이었는데, 현재는 세태가 너무 바뀐듯한 느낌이 듭니다.

현대사회는 신자유주의 경제체제와 글로벌 시대를 맞이해서 무한 경쟁의 사회가 되었습니다.

생산자인 기업은 무한경쟁의 시대에 살아남기 위해 원가절감, 구조조정을 통해 생존경쟁에 돌입했고, 이를 위해서 값싼 노동력을 찾아 해외로 이주하거나, 비정규직 직원을 채용하는 방법을 사용하고 있습니다.
신자유주의와 글로벌화라는 자본주의 시대에서 흔히 발생할 수 있는 문제점이지요.

외국에서 공부한 제 아들에게 똑같은 질문을 하자 제 아들은" 약속했으면 지켜야 한다. 무임승차 논란을 떠나 약속을 했으면 지켜져야 한다"라는 다른 의견을 말하더군요. 확실히 공부와 자라나는 사회의 환경에 따라 천차만별의 의견을 가지게 되는 것 같습니다.

차별이 극심하게 되는 사회에서 그나마 우리가 유지하여야 하는 중요한 명제는 기회와 평등입니다.
어쩔 수 없이 무한 경쟁을 하더라도 각각에게 기회가 공평하게 주어져야 하고, 평등하게 경쟁할 수 있도록 여건이 마련되어야 합니다.

chapter 3

공생 공존의 경제학

74.

보살핌의 경제학

기생충이라는 영화가 발표되고 가진 자와 못 가진 자의 양극화를 극명하게 보여주었습니다.

돈이 많으면 행복할까? 라는 질문에 대해서 일반적으로는 "그렇다"입니다. 그런데 반드시 그렇지는 않다고 하지요.

소득이 일정한 수준에 이르면 행복하지 않다고 합니다.

이유는 인간은 끊임없이 자기와 타인을 비교하는 존재라 항상 자기 주변과 자신을 비교해서 자신이 행복하지 않다고 생각한다고 합니다.

친구, 동료의 소득과 부인 친구의 남편 소득, 그리고 이웃의 소득과 끊임없이 비교당하고 비교하기 때문이라고 하지요.

(김박사 룰 4 : 사촌이 땅을 사면 진심으로 축하해 주어라 너와 비교하지 말고 너만 스스로

만족하고 행복하면 된다)

자본주의 사회에서는 어쩔 수 없는 양극화가 일어나게 됩니다.
이기심에 의해 작동하는 자본주의는 1인이 99인의 소득을 뺏는 구조이니까요.

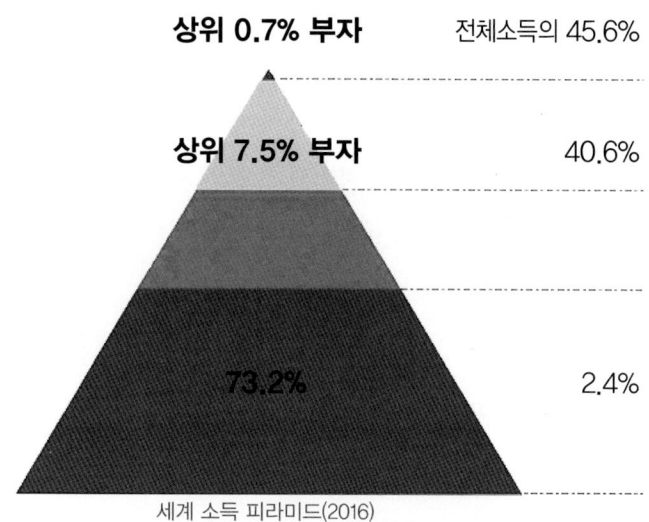

세계 소득 피라미드(2016)

자본주의의 근간인 보이지 않는 손의 이기심보다 신뢰를 근간으로 상호 배려를 하는 이타심이 경제에서 근간이 되어야, 될 수 있다고 생각합니다.

사람들은 인간은 존엄한 존재라고 합니다.

74. • 보살핌의 경제학

하지만 부의 불평등에서 오는 소득 격차는 인간을 더 이상한 존엄한 존재로 만들지 않고 있습니다.

1%를 제외한 99%는 적은 소득으로 집세, 교육비 등으로 나날이 힘들게 가난하게 살아가고 있고 내 위에 무수히 많은 비교 대상과 점점 격차가 벌어져 불행하고 끊임없이 남의 것을 빼앗아야 하는 경쟁의 사회에 내동댕이 쳐집니다.

리처드 레이어드 교수는 "시민들이 사회에 대한 믿을 읽어버렸다고 합니다. 인간의 행복을 이루는 수많은 필수요소들은 시장에서 거래되지 않는 신뢰 관계에서 오는데 그것을 잃어 버렸다는 것이지요"

세계에서 신뢰도와 행복 수준이 높은 북유럽 국가들 노르웨이, 스웨덴, 덴마크, 핀란드, 네덜란드와 같은 사회복지국가들은 소득 평등 수준을 위해서 실업방지, 최저임금, 복지, 사회인프라에 힘을 쓰고 있습니다.

경제발전만을 위해 소득분배를 등한시 하게 되면 우리는 구성원들간의 비교 격차의 극대화로 인해 결코 행복한 사회가 될 수 없습니다.

75.

조지 소로스

제가 왜 수많은 투자자 중 조지 소로스에 대해 묘한 매력을 느끼는지를 알게 된 사연을 말씀드리지요.

사실은 그의 재귀성이론을 보면서 일반 투자자와 정말 다르다는 것을 느꼈습니다.

그리고 재귀성 이론이 결코 학교에서 배우는 일반적인 금융이론과 다르다는 것을 느꼈지요.

조지소로스는 헝가리 유대인 변호사 아버지에게서 태어난 후 영국으로 이주하여 철도역의 짐꾼, 웨이터를 거쳐 힘들게 런던 정경대학으로 진학한 후 철학 박사학위를 취득합니다.

세계적인 사회철학자 칼 포퍼를 평생의 스승으로 모십니다.

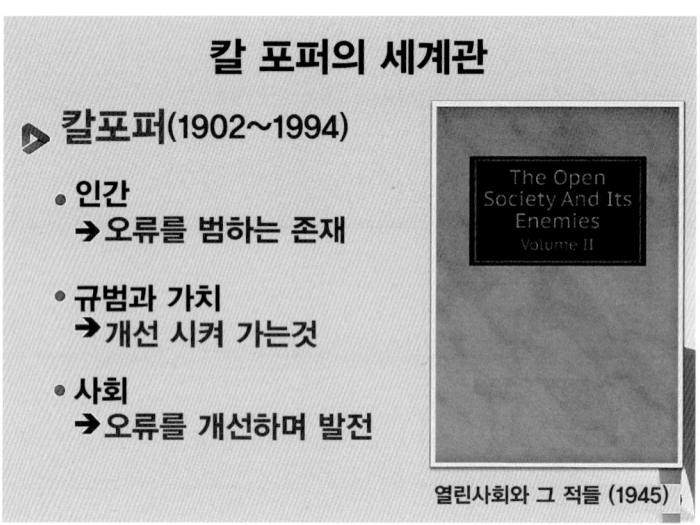

칼포퍼는 인간 사회를

[열린 사회]
인간과 사회의 오류를 인식하고 토론과 합의를 통해 지속적인 개선을 하는 사회

[닫힌 사회]
불변의 도덕과 이상향을 기준으로 삼고 역사는 이에 도달하는 과정

이렇게 둘로 나누고 닫힌 사회는 전체주의를 갈 수 밖에 없다고 비판을 하였습니다.

플라톤, 토마스무어의 유토피아 처럼 완전무결한 세상이 존재한다고 전제하는 사상은 전체주의로 향할 수 밖에 없다는 이론입니다.

[조지 소로스의 투자 철학 : 재귀성이론]

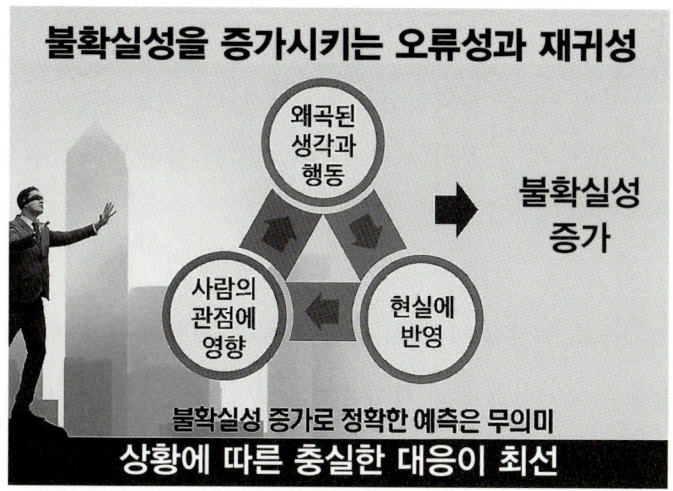

- 세상을 보는 관점은 부분적이고 왜곡적이며 착각을 일으키며
- 투자자는 근본적으로 시장원리를 이해할 수 없고
- 효율적인 시장일지라도 오류는 존재하고
- 시장 메커니즘은 오류를 개선하는 과정이라고 설명합니다.

[일반 투자자와 조지 소로스의 차이점]

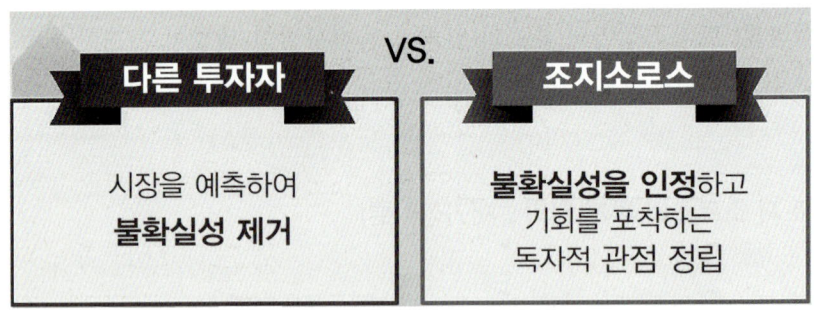

일반적인 투자자들은 불확실성을 제거하려고 노력합니다.

블랙 쉴즈 공식 등을 창시한 퀀트들이 시장의 불확실성을 수식으로 표현하려는 것과 마찬가지입니다.

2007년 퀀트로 무장한 LTCM이 창업 2년만에 부도위기에 몰려 조지소로스에게 도움을 요청하지만 끝내 거절당하게 됩니다.

철학자인 투자자 조지 소로스에게 제가 매력을 느끼는 이유입니다.

76.

피드백 (피터 트러커)

현대 경영학의 아버지라 불리우는 피터 트러커입니다.
지식경제, 지식의 가치 등을 주장하신 분이지요.

어제는 제자 한 명이 이직을 했다고 저를 찾아왔습니다.
새로운 증권사에서 자리를 잡고 자기의 위치를 다지며, 꿈을 펼칠 나이였습니다.

이런저런 대화를 하면서 제자가 나아갈 방향, 목표, 그리고 방법 등에 대해서 조언을 해주었습니다.
직장에 근무하는 사람은 우선 조직의 방향을 알고, 그 방향에 맞춘 업무를 해야 하니까요.

피터 드러커는 업무를 추진함에 있어 프로페셔널 하려면 몇 가지 조건이 있다고 했지요.

그중에서도 제일 강조하는 것이 바로 "피드백(feed back)"이라고 말합니다.

어렸을 적 도서관에서 우연히 발견한 유럽 기독교 포교를 하던 성직자들이 쓴 책인데

"기대하는 성과를 적어 놓고 일정 기간 후에 실제 성과와 비교한다"

아주 단순한 말이지만 실천하고 있는 사람은 많지 않습니다.

물론 부서별 실적 목표가 있고 그것을 달성하기 위해 매진하지만, 그 이전에 각각의 일에 대한 항목별 성과 목표와 달성을 비교하라는 것이지요.

피터 드러커가 말하는 피드백 분석은 하루를 돌아보는 것부터 출발합니다.

1. 하루 동안 목표 달성을 위한 노력들을 점검하고
2. 예상 밖의 성과에서 자신의 강점을 찾아 성장시키는 노력을 하고
3. 자신의 노력들이 성과로 이어지지 않으면 과감히 포기하는 것

저는 이중에서 여러분에게 강조하고 싶은 것이 성과로 이어지지 않으면 과감히 포기하는 것을 말하고 싶습니다.

하고 싶고, 해야만 하는 일이지만, 자기가 잘 할 수 없는 일이라면 과감히 포기하는 것이 맞습니다.

이유는 생산성이 없기 때문이지요.

생산성이 없이 일을 하는 것은 결코 본인에게 도움이 되지 않습니다. 시간만 낭비하는 것이지요.

희망 고문이기도 하고요.

어쩌면 여러분들은 정말 잘할 수 있는 일이 무엇인지 아직 모르고 엉뚱한 일만 열심히 하고 있는 지도 모릅니다.

- 하고 싶고,
- 해야만 하고
- 할 수 있는 일

중에서 할 수 있는 일 중에서 하고 싶은 일을 찾아서 하는 것이 최선이라고들 합니다.

해야만 하는 일은 돈을 벌기 위함이지만, 하고 싶고, 할 수 있는 일이 아니면 돈을 벌기 쉽지 않기 때문입니다.

혹시 다른 일을 하면 지금보다 더 많이 행복하고, 더 잘 할 수 있다면 한 번쯤 생각을 바꾸어 보세요.

77.
유대인의 성인식

유대인이 없었다면 현대의 자본주의 발달도 없었을 것이라는 말이 있지요. 그만큼 유대인들이 금융에 미치는 영향이 크다는 것을 뜻하는 듯 합니다.

가난하고, 자녀가 태어나면 살아남기가 어려웠던 시절에 살던 우리 조상들은 백일, 돌 잔치를 하면서 아기의 무병장수를 빌었습니다.

그리고 돌 반지 등을 선물하는 풍습이 생겼지요.

유대인들은 13살이 되면 바리미츠바라는 성인식을 합니다. 히브리어로 "계명에 따라 사는 자녀"라는 뜻입니다.

성인식을 하면 종교적으로 책임이 있는 성인이 되었다는 뜻이지요.

그런데 성인식에 하객을 초대하고 축의금을 받는 다는 것이 특이합니다.

보통 4-5만불이 모인다고 하지요.

그리고 이 돈은 온전히 아이에게 귀속되고, 이 돈을 근거로 어려서부터 주식, 채권 등에 투자하면서 돈을 굴리는 방법을 터득한다고 합니다.

그래서 유대인이 항상 돈의 가장 가까운 거리에 있고, 돈의 본질을 가장 잘 아는 민족인 듯 합니다.

우리는 아이들을 좋은 학교에 보내는 것을 최고의 목표로 삼습니다.

유대인은 아이들에게 현실적인 돈을 가르치는 것을 최고의 목표로 삼지요.

유대인들이 다이아몬드 및 귀금속 시장의 50%를 점유하고 있는 이유는 오래전부터 방랑과 핍박을 받으면서 귀금속을 몸에 지녀 위기를 빠져나오는 것이 몸에 습관화 되었기 때문이라고 하지요.

독일에서 탈출할 때도 다이아몬드를 뇌물로 주고 탈출을 할 수 있었다고 합니다.

어려서부터 공부하라고 하는 부모님과 돈이 무엇인지 가르치는 부모님. 누가 더 부자 아빠인지는 한 번쯤 고민해 볼 필요가 있을 듯 합니다.

78.

유대인과 금융

우리가 아는 많은 사람들 아인슈타인, 스티븐스필버그, 하워드드슐츠, 조지소로스, 로스차일드가문 등이 모두 유대인입니다.

이런 유대인은 전 세계에 문화, 과학, 경제 등에서 절대적인 영향력을 발휘하고 있지요.

포춘지 선정 글로벌 100대 기업 중 40%를 차지하며

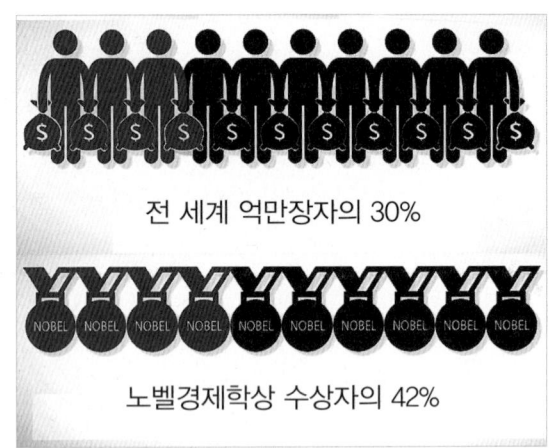

    기원후 200년 이스라엘의 명칭조차 완전히 말살되면 유럽을 떠돌던 이스라엘 사람들이 금세기 이처럼 강력한 영향을 가지게 된 이유가 궁금합니다.

    유럽을 떠돌던 유대인들은 당시 이탈리에서 피렌체, 베네치아 등에서 대부업을 하게 되지요.

    중세 교회는 대부업을 엄격하게 금하고 있어서 유대인만이 유일하게 남에게 돈을 빌려줄 수 있었습니다. 단테의 신곡에서 대부업자들을 위한 제 7 지옥이 존재한다고 했으니 기독교 신자가 대부업을 할 수 없었지요.

    유대교도 이자를 받는 대부업을 율법으로 금하고 있지만 가족 이외의 사람들에게는 예외였습니다.

세익스피어의 베니스의 상인에서 처음으로 샤일롯이라는 유대인 대부업자의 이야기가 등장하지요. 이들은 14세기부터 이탈리아에서 대부업을 하던 유대인들이었습니다.

당시 베네치아의 유대인들은 게토누오브라는 특정지역에 머물러야 했고, 머리에 노란모자 또는 등에 노란 동그라미를 그려야 했지요.

중세 교회의 대부업 금지가 유대인들의 금융업을 키워준 결과가 되었습니다.

유대인들은 베네치아에서 벤치에 앉아 돈을 빌리러 오는 사람들을 기다렸는데, 이 벤치를 이탈리아어로 방코 (BANCO)이고 은행(BANK)의 어원입니다.

이후 이탈리아 메디치가가 현대적인 은행을 탄생시켰으나, 몰락하게 되지요.

이후 18세기 그 유명한 로스차일드가가 탄생합니다. 오형제로 이루어진 로스차일드가는 전통적인 유대 가문으로 그 아버지 마이선 로스차일드가 "사람들에게 존경받기보다 사람들이 너희를 두려워하게 하라"라는 교육을 받은 자식들입니다.

로스차일드가의 셋째인 레인선 로스차인들은 19세기 금융의 황제가 됩니다. 채권을 통한 금융의 진정한 황제가 되었지요.

"세상의 전쟁과 평화, 나라의 신용은 내 손에 달려 있다"고 했지요.

결정적으로 워터루 전쟁으로 채권 거래의 황제가 되었고, 미국 남북전쟁에까지 영향을 미치게 됩니다.

어려서부터 할 수 있는 일이 금융업이었던 유태인들은 돈에 관한 남다른 철학과 기법을 배우면서 자라나는 듯 합니다.

끊임없이 고난을 겪으면서도 유일신인 야훼에 대한 절대적인 믿음과 단일 혈통의 민족을 유지하고, 고난의 역경 속에서도 살아남으려는 그들의 의지가 오천년을 이어오면서 오늘날의 유대인을 만든 것으로 보입니다.

79.

최초의 금융 가문 메디치가

이탈리아 피렌체의 메디치가는 대표적인 노블레스 오블리주입니다.

14세기 메디치가는 피렌체에서 대부업을 하는 조그마한 가문이었지요.
17년 동안 가문의 5명이 폭행 치사로 사형을 당할 정도로 형편없는 가문이었습니다.

그런데 조반니 디 비치가 등장하면서 완전히 탈바꿈하게 됩니다.

그는 교회에서 금지하는 이자를 받는 대부업을 변형시킵니다. 사람들에게 돈을 빌려주고 이자를

받는 것이 아니라 당시 이탈리아의 수많은 도시국가마다 화폐가 다른 점과 대외 무역 때문에 발생하는 환전 서비스에 집중합니다.

환전하고 수수료를 받은 것이었지요.

그리고 대부업 협동조합을 만들어서 포트폴리오를 다양하게 하고 한곳에서 돈을 받지 못해도 큰 피해가 발생하지 않게 합니다.

바로 오늘날의 은행의 시초가 된 것이지요.

그 당시나 현재나 대부업을 고금리를 받고 이자를 받지 못하면 각종 압박과 폭력을 행사하여 사고가 발생했지요. 이러한 대부업으로는 결코 올바른 금융을 할 수 없다고 느껴서 덩치를 키워 손실과 포트폴리오를 다양하게 한 것입니다.

그가 이렇게 금융업을 발전시키자 다른 가문들이 금융업에 뛰어들었습니다. 인맥, 돈이 부족한 조반니 디 비치가 성공한 이유는 조금 특이합니다.

당시 이탈리아에는 3명의 교황이 있었습니다. 교회가 지명한 교황, 황제가 지명한 교황, 교인들이 지명한 교황 등, 그런데 조반니가 지원한 교황이 있었습니다.

교황 요한 23세였지요. 황제가 3명의 교황을 한 곳에 모이게 하고 자기가 선정한 교황을 선임하게 하려고 하자 도망을 갔다가 요한 23세는 잡히게 됩니다. 이에 보석금을 내야 하는데 많은 다른 사람들은 등을 돌리고 말지요.

하지만 상환 가능성이 전혀 없는 요한 23세의 보석금을 내어주고 이미 교황 자격을 박탈 당한후에도 끝까지 보살펴 줍니다.

이는 당시 교회와 왕가에 감명을 주어서 조반니를 혼란한 사회에서 유일한 의리 있고 신뢰할 수 있는 사람으로 인식시킵니다.

그래서 왕가와 교회의 재정 담당 은행이 되지요.

이것이 메디치가가 제일의 이탈리아 금융 가문이 된 사연입니다.

조반니 디 비치, 그의 마지막 유언은 다음과 같습니다.

> "피렌체의 선하고 훌륭한
> 시민들을 존경하는 일에서 즐거움을 찾으면,
> 시민들은 우리 가문을 그들의 안내자로서
> 빛날 수 있도록 해줄 것이다."
>
> -조반니 디 비치 데 메디치-

이후 메디치가는 그의 아들인 코사모가 이어받습니다.

코사모는 아버지의 뜻에 따라 겸손하고 근면하며 사람들의 존경을 한 몸에 받습니다.

또한 피렌체의 융성을 위해 많은 예술가를 지원합니다. 이것이 바로 르네상스의 시작이었습니다.

사진의 노란색에 조랑말을 타고 가는 사람이 바로 코사모입니다. 그는 항상 사람들과 눈높이를 맞추려 했고, 많은 기부를 하면서 살았습니다.

"나는 돈 버는 것보다
쓰는 것이 훨씬 즐겁다."
"사람은 사라져도 예술은 남는다."
-코시모 데 메디치-

이후에 코사모의 아들은 병약해서 일찍 죽고 로렌초가 등장합니다. 피렌체의 최전성기를 이끌었지요.

수많은 이탈리아의 도시국가 사이의 전쟁에서 피렌체를 안전하게 유지하고 르네상스의 본격적인 중흥을 이끕니다. 미켈란젤로, 레오나르도 다빈치 등 수많은 예술가를 후원합니다.

코사모는 피렌체의 아버지 로렌초는 위대한 자라고 불리게 되지요.
400명 동안 3명의 교황과 5명의 황후를 배출합니다.

피렌체의 모든 시민의 존경과 사랑을 한 몸에 받고 마지막으로 가문의 전 재산을 피렌체의 박물관에 기증하지요.

현대의 탐욕스러운 금융과는 정말 다른 삶을 산 금융인 메디치가 입니다.

80.

4차 산업혁명과 일자리 그리고 교육

    4차 산업혁명은 일명 gig economy라고 대표 된다고 합니다.

    즉, 필요에 따라 사람을 구해 임시로 계약을 맺고 일을 맡기는 경제 구조라는 것이지요.

그만큼 고용의 유연성이 강조되는 시기라는 것입니다.

현재 우리나라는 날로 청년 실업률이 증가하고 있습니다.
언론과 재계 전문가들은 이에 대해 우려만 하고 있고, 소득주도 성장의 폐해이니, 잘못된 정부 정책이 실업률을 올리고 있다고 정부에 비난을 퍼붓고 있습니다.

하지만 정작 문제는 우리 사회의 교육에 대한 인식입니다.

"긱 경제로 인해 정기적으로 급여를 받는 형태의 직업은 사라질 것"
- 미 트렌즈 특별취재팀 2017-2027년 전망보고서
"미숙련, 저임금 뿐만 아니라, 재무관리, 의사, 고위 임원도 자동화 될 수 있다"
- 2015년 맥킨지 보고서

2016년 세계 경제 포럼 일자리의 보고서는 옆의 그림처럼 예측을 했습니다.
현재 초등학생의 65%가 미래의 새로운 일자리에 근무를 하게 될 예정이라고 하지요.

길어진 평균 수명
짧아진 직업 수명

이 향후 20년간 우리의 달라진 직업 환경이 된다는 것이지요.

한 번에 평균 4-5개 이상의 직업을 가져야 하는 사회가 바로 미래의 사회라는 예측입니다.

그래서 미래의 교육은 주입식 교육이 아닌 "역량 중심 교육"이라고 합니다. 단순한 지식 암기는 기계가 대신하고 현실에 적용 가능한 능력을 키우는 교육입니다.

기술을 창의적으로 활용하고
갈등 속에서 문제 해결 능력을 키우며
도전정신 속에서 프로젝트를 기획하고 실현하는
역량 키우기가 중심이 되는 교육이 절실하다는 것입니다.

인류는 지금까지의 변화보다 앞으로 다가올 20년에 더 많은 변화를 겪을 것이라고 합니다.

미래의 우리에게 필요한 역량은 자동화 될 수 없는 역량, 인간 본연의 역량입니다. 창의력, 예술, 사회의 상호작용, 공감은 자동화 될 수 없는 인간의 핵심 역량인 것이지요.

현재의 우리 교육은 지난 50년간의 사회에 맞춘 인재를 길러내는 교육이었습니다.

영어를 잘해야 하고, 수학과 과학을 주입식으로 배워야 했던 교육이지요.

이런 인재를 길러낸다면 국가는 점점 경쟁력을 잃어가고, 청년들의 점점 더 실업률이 높아만 갈 겁니다.

역량중심교육으로 미래의 일자리에 필요한 청년들을 길러내야 합니다.

교육은 국가의 백년지 대계이니 말이지요.

81.

고장 난 자본주의

유발하라리 교수는 책 사피엔스에서 호모사피엔스인 현생의 인류가 네안데르탈인등, 유사 인종을 멸종시키고 살아남은 이유를 다음과 같이 설명하지요.

- 50명의 집단은 스킨십으로 유지가 됩니다.
- 150명의 집단이 되려면 언어와 뒷담화가 있어야 합니다.
- 그리고 그 이상이 집단으로 유지 되려면 거짓말과 허구가 필요하다고 주장합니다.

종교가 그 예라고 설명합니다.

많은 집단이 생기고 그 집단이 먹고 살기 위한 경제체제중에 하나가 자본주의 입니다.

　애덤스미스는 개인의 이기주의가 부를 생산하는 노동의 근원이고 자본가가 수익을 내면 직원을 더 고용해서 이윤을 늘릴 수 있고 이윤이 늘어나면 더 많은 직원을 고용해 노동력을 높여 생산성을 높일 수 있다고 했지요.

　결국 자본주의는 엘리자베스 여왕의 다리에 실크 스타킹을 신게 하는 것이 아닌 공장에서 일하는 어린 여성들의 다리에도 실크 스타킹을 신게하는 것이 목표라고 했습니다.

　그런데 이렇게 하려면 모든 기업은 창조된 이윤을 계속 재투자하여 고용을 늘리고 임금을 지불해 근로자가 생산된 물건을 소비할 수 있도록 선순환이 되어야 하지요.

　하지만 시장은 그 자체만으로 사기, 도둑질, 폭력으로부터 스스로를 보호할 수 없다고 단정합니다.

　그래서 정부가 나서서 속임수를 제재하고 도둑질을 막아야 하며, 이를 정치체제라고 합니다.

그런데 정부가 자본가의 돈에 의해서 움직이고, 자본가는 늘어난 이윤을 개인의 부의 축적에만 사용한다면 자본가, 은행가, 정치인만 더욱 부유해지고, 수백만명의 노동자, 근로자들은 비참하고 가난해져만 갈 겁니다.

부자와 빈자는 근본적인 능력의 차이 때문이라고 사람들은 말합니다.

예를 들지요.
- 흑인은 범죄율이 높다고 합니다.
- 흑인이 범죄율이 높다는 것은 그만큼 가난하기 때문이고 그로 인해서 교육을 받지 못했기 때문이지요.
- 흑인이 교육을 받고 수입이 있다면 절대로 범죄율이 높지 않을 겁니다.

부자와 빈자를 생물학적 이유로 설명하는 것은 차별의 악순환을 이해하지 못하는 것이지요.

부자는 부자에게만 기회를 부여하고 가난한 자에게는 그 기회를 부여하지 않습니다.

- 노예는 맹종의 습관이 있다거나
- 인종간에 생물학적 차이가 있다거나

- 부자와 빈자간에 능력과 노력의 차이가 있다고 주장하는 것은 같은 맥락입니다.

부의 불평등, 소득 재분배의 불평등, 최저임금의 문제, 기업가의 탈선, 갑질 등은 결국 자본주의 실패를 가져와서 우리 모두를 파멸로 이끌지도 모릅니다.

82.

스토리 텔링

일본 아오모리현은 태풍에 몰아쳐서 사과가 흉년을 맞이 합니다.

약 90%의 사과가 태풍에 팔 수 없는 사과가 되었고, 약 10% 만이 사과나무에 매달려 있었지요.

그런데 한 농부가 아이디어를 생각합니다.

태풍에도 살아남은 사과

어떠한 시련에도 절대로 떨어지지 않는 사과

바로 "합격" 사과였습니다.

가격이 보통 사과의 10배가 비쌌지만 전량 판매되었습니다.

이제 아오모리현의 대표 브랜드가 되었지요.

모든 수험생들은 합격 사과를 먹으려고 매년 입시철에 아오모리현 사과를 예약한다고 합니다.

컴퓨터를 고안한 앨런튜링은 청산가리가 들은 사과를 먹고 자살을 선택하지요.

이후 애플은 앨런튜링을 기리기 위해 한 줌 먹은 사과를 로고로 사용했다고 합니다.

사람들은 스티브 잡스가 과수원의 아들이어서, 뉴턴의 중력사과를 떠올리기도 하지만 대부분의 사람은 앨런튜링의 사과를 기억합니다.

버락 오바마 대통령은 대통령 연설에서 다음과 같이 말합니다.

"나는 한 여성 투표권자를 기억합니다. 102살의 흑인 할머니 입니다. 이분은 흑인의 참정권, 여성의 참정권을 모두 겪으신 분이지요. 여성 여러분, 흑인 여러분 우리가 변화시켜야 하는 것들이 무엇인지 우리 스스로 확인 시킵시다"

바로 감성에 호소한 연설문으로 많은 유권자들을 울렸습니다.

우리의 뇌에는 거울 뉴런이라는 것이 있다고 합니다.
이 거울 뉴런은 상대방과 나의 감정을 일치 시켜 상대방의 상황이 나의 상황이라고 감정 이입시키는 뉴런이라고 합니다.
그래서 인간은 영화를 보면서 눈물을 흘리고, 드라마를 보면서 같이 분노한다고 합니다.

스토리텔링은 이와 같이 광고, 홍보, PR, 기업의 마케팅에 없어서는 안 될 존재가 되었지요.

스토리텔링은 어쩌면 성공으로 가기 위해 반드시 필요한 존재인 듯 합니다.

83.
따뜻한 경제학

경제학에는 다양한 학파가 있습니다.

케인즈학파, 고전학파, 마르크스 학파, 오스트리아 학파, 신고전학파 등등.

다만 경제학은 다른 과학이나 연구와 많이 다른 듯이 보입니다.

그만큼 인간이 자본주의에 살면서 모든 것이 돈과 관련되다 보니, 가장 많이 적용되는 것은 사실입니다.

경제학은 연예를 잘하기 위한 경제학, 어린이에 필요한 경제학 등 많은 우리의 삶을 설명하려고 합니다.

화학, 물리학 등은 연구 대상으로 학문을 규정하지요.

하지만 경제학 연구대상이 아닌 연구방법론으로 자신을 규정합니다.

화학, 물리학이 내가 연구하는 분야가 무엇이냐로 학문을 규정하는데, 경제학은 어떤 학문을 어떻게 연구하느냐로 자신을 규정하다 보니, 세상의 모든 일들을 경제학으로 설명하려고 합니다.

약간은 오만한 학문이지요.

최근의 주류는 신고전학파의 합리적 선택이론입니다.
모든 사회생활을 개인 행위자의 합리적 선택의 결과로서 설명할 수 있다고 가정하고 그것을 수학과 통계학만으로 연구하는 학파이지요.

알프레드 마샬에 의해서 탄생한 이론이지만 알프레드 마샬이 이론을 정립한 이유는 다른 곳에 있지요.

아버지는 성직자의 길을 원했지만 케임브리지에서 수학자의 길을 걷습니다.

그런 그에게 풀리지 않는 의문이 있었지요.
"영국은 세계에서 가장 풍요로운 나라인데, 왜 대다수는 가난할까?"
"자본가들이 말하는 것처럼 가난은 숙명적이며 결코 극복할 수 없는 것이기에 그들에게 복지를 베푸는 것은 인구증가만 야기하는 쓸데없는 짓인가?"

가난한 사람들을 바라보면서 그는 가난을 구제하고 싶은 마음에 정치 경제학을 공부했지요.

그리고 수학의 미적분을 이용해 한계효용의 법칙을 설명하고, 수요와 공급의 법칙을 설명했습니다.

하지만 그는 다음과 같이 말했습니다.

"수학은 단지 속기의 수단일 뿐, 그것을 엔진으로 써서는 안 된다"

그리고 그의 전공인 수학을 책에서 없애면서 누구나 이해할 수 있는 쉬운 문장으로 대체합니다.

그리고 틈만 나면 빈민가로 향하고 다음과 같이 주장했습니다.

"부유한 사람들이 공공의 복지에 관심을 가져야 하며 그들의 재력을 이용하면 빈곤이라는 최대의 해악을 지상에서 제거할 수 있다"

그의 노력으로 세계 최초로 케임브리지 대학은 경제학과가 생겨났지요.

그가 최초의 경제학과 교수로 취임하면서 한 말은 경제학자는 냉철한 이성을 가져야 한다.

그러나 따뜻한 가슴을 잊지 말아야 한다.

84.

비교 우위 이론

황량한 사막 지역에 젊은 청년과 노인 2명이 남아 있습니다.
청년은 식량과 물을 구하는 데 3시간이 걸리고 노인은 7시간이 걸리지요.

처음에는 청년이 혼자서 행동을 하다가 3일 이후 노인에게 자기가 가진 식량과 물을 모두 맡깁니다.

이유는 노인은 물만 구하고 청년은 식량만 구하는 분업을 하는 것이 더 효율적이라는 것을 알게 되었기 때문입니다.

비교 우위 :
한 경제 주체가 생산 활동에 있어서

포기해야 하는 비용이
다른 주체들 보다 낮은 것

노인은 식량을 포기하는 것이 청년은 물을 포기하는 것이 비용이 훨씬 적다는 것입니다.

데이비드 리카도의 비교 우위 이론

한 나라가 어떤 재화를
다른 나라보다 더 적은 비용으로
생산할 수 있다고 하더라도
어떤 경우에는
그것을 다른 나라로부터
수입하는 것이
더 이득이 될 수 있다.

즉, 하나를 포기하고 다른 하나에 몰두하는 것이 더 큰 이익이 될 수 있다는 것입니다.

무엇을 주고 무엇을 받을 것인가

무엇을 선택하고 무엇을 포기할 것인가

현대 사회에서 모든 사람들이 많은 욕구를 분출합니다.
"누구를 선출해야 한다."
"누구를 사퇴해야 한다."
"사드를 포기해야 한다."
"유커가 없으면 안된다."

결국 이 모든 행위는 바로 "비교 우위 이론"에 의해 결정됩니다.
어떤 것을 선택하고 무엇을 포기해야 가장 효율이 높은 지가 결정되는 것이지요.

그냥 무턱대고 자기의 의견이 반영되지 않는다고 억지를 부리면 안 됩니다. 지금의 야당처럼 말이지요.
그리고 여당도 이전의 집권 여당의 행태를 답습해서는 안 됩니다.
대안 없는 비판을 정당의 입장만 가지고 하는 것은 후진국의 정당이고 철학 없는 정치의 표본입니다.

85.

동인당 이야기

1669년 설립된 동인당 이야기입니다. 우리에게는 우황청심환의 원조회사로 잘 알려져 있지요.

저에게는 롤모델이었고, 모든 비즈니스의 기본이 된 회사입니다.

제가 운영하고 있는 회사 직원들에게 반드시 가르쳐 주고 싶은 기업이지요.

덕불고 필유린(德不孤 必有隣 · 덕은 외롭지 않다. 반드시 이웃이 있다.)
적선지가 필유여경(積善之家 必有余慶 · 선행을 쌓는 자는 의외의 좋은 일이 반드시 있다.)

퉁런탕 베이징 본점 대청 벽에 걸려있는 말입니다.

동인방을 만든 사람은 과거에 떨어진 뒤 고향에 돌아가기 부끄러운 마음에 약방을 차린 사람은 과거 낙방생 러셴양(乐显扬)이었지요.
이후 약방이 300년 넘도록 사람들에게 사랑을 받은 이유는 다음과 같습니다.

연거푸 탈락의 고배를 마시고 고향을 돌아가기 부끄러웠던 그는 과거 시험장 근처에 약방을 차렸습니다.

고시생의 마음을 십분 이해한 러셴양은 과거를 보기 위해 각지에서 상경하는 모든 선비들에게 보약을 무료로 제공했습니다.
수만 리를 걸어온 선비들이 여독으로 시험을 못 치르는 사태를 방지하기 위해 우황청심환 같은 구급약도 준비했습니다. 선비 들은 과거에 급제를 하든, 낙방을 하든 인생의 중요한 순간에 도움을 준 퉁런탕을 잊지 않을 터. 이는 자연스럽게 퉁런탕을 전국에 알릴 수 있는 훌륭한 입소문 전략이 됐습니다.

더 나아가 예비 고위직을 상대로 미리 신뢰를 쌓아놓음으로써 회사의 주요 매출 창구인 황실 약재 사업을 중장기적으로 유지할 수 있도록 하는 묘책이 되기도 했습니다.

이를 통해 황실에 약재를 공급하는 회사로 자리를 잡게 되었지요.

선비 뿐만 아니라 베이징에 사는 백성들도 퉁런탕의 도움을 받았습니다. 청나라 때는 황궁 내 빗물이 잘 흘러가도록 황궁 밖으로 도랑을 팠는데, 이 때문에 밤길을 걷다가 도랑에 빠지는 사람들이 많았지요.

퉁런탕(同仁堂: 동인당)은 '동인(同仁)'이라고 쓰인 등불을 황궁 근처 길에 설치해 밤눈 어두운 사람들의 눈이 되어준 동시에 백성들에게 회사 상호를 깊게 각인시켰습니다.

퉁런탕은 돈만 버는 약방이 아니라 사람들의 미래를 걱정하고 안위를 지켜주는 가게라는 기업 이미지를 공짜 우황청심환과 등불로 만들어냈습니다.

이러한 퉁런탕의 전략은 최근 대기업들이 활발히 벌이고 있는 CSR(Corporate Social Responsibility · 기업의 사회적 책임) 마케팅과 유사하지요.

이러한 현명한 전략은 사회주의 혁명도 피해갔습니다. 1949년 중화인민공화국이 들어서면서 대부분 기업이 국가에 인수됐지만 퉁런탕만은 무사할 수 있었는데 '과거 봉건주의 시절에도 퉁런탕은 사회주의 정신과 그 실천이 투철했다'는 게 그 이유였다고 합니다.

어쩌면 먼저 베풀고, 돈보다는 사람을 중요시하고
결국 비즈니스가 돈이 아닌 사람이 만들어 낸다는 것을
일찍 깨달은 기업이라는 생각이 듭니다.

86.

확률

우리는 고대부터 확률과 아주 밀접하게 연관된 삶을 살았지요.

고대인들이 의사결정을 할 때 하늘에 뼈 같은 것을 던지고, 그것이 땅에 떨어지는 모양 등을 살피면서 길흉화복을 점쳤습니다.

주사위 게임과 비슷한 것이었지요.

16세기 유럽에서 도박이 성행하자 승률에 대한 고민이 생겼고, 이를 해결하기 위해 수학자들이 정립한 이론이 바로 확률입니다.

확률의 정의는 다음과 같습니다.

사건이 일어날 수 있는 가능성을 수로 나타내어 같은 원인에서 특정의 결과가 나타나는 비율입니다.

야구에서 3할 타자라는 것은 안타를 칠 확률이 30%라는 것이지요. 그러면 70%는 아웃됩니다.

4번 타석에 들어선다면, 4번 모두 아웃 될 확률은 (0.7)4=24%

이 말은 다른 말로 3할 타자는 4번 타석에 들어서면 안타를 칠 확률이 100%-24%=76%라는 말입니다.

가위바위보 게임에서 경우의 수는 9가지입니다. 이중 동일한 비기는 경우는 3번입니다. 나머지 6번은 승부가 갈리게 됩니다. 6번 중 본인이 이기는 경우는 50%입니다.

따라서 가위바위보 게임은 승률 33%의 게임인 것이지요.

우리는 승률 33%의 확률로 가위바위보 게임을 하는 것이지요.

이렇게 표현하니, 우리의 삶 속에 확률이 확실하게 보이시지요!!!

우리는 무엇인가를 할 때, 무슨 일이 일어날 때도 확률을 거론합니다.

그리고 확률적으로 어려운 일이 일어날 때 재수가 좋다, 재수가 나쁘다라고 말합니다.

그래서 우리들은 "확률"과 동고동락하는 삶을 살면서, 확률이 우리에게 좋은 방향으로 작용하기를 소망합니다.

즉, 우연이나, 기적이 일어나기를 바라는 것이지요.

하지만 정작 중요하는 것은 확률을 소망하기 보다 확률을 지배하는 능동적인 삶을 살아야 합니다.

실수를 줄이고, 더 많은 지식을 습득하고, 경험하여 확률을 높이는 삶을 살아야 합니다.

"삼재이다." "액땜했다." "땡 잡았다." 라는 말들은 확률이론에 의하면 누구에게나 일어 날 수 있는 경우의 수 입니다.

그런 경우의 수를 자기에게 유리하게 많이 일어나도록 주의하고 노력하는 삶이 바람직한 삶이 아닌가 합니다.

87.

부자 아빠

제가 이런 글을 쓸 때마다 진보성향이 강하다는 비판을 받곤 합니다.
하지만 늘 말씀드리지만 저는 진보 성향만 강한 사람은 아닙니다.

토마피케티가 부의 불평등을 우려해서 21세기 자본론에서 경제 대공황은 소득의 극단적인 불평등에서 발생한다고 주장을 했습니다.

2001년 미국에서
"왜 부자는 죽어서도 세금을 내야 하는가?" 라는 주장이 있었지요.
그래서 부시 대통령이 상속세 폐지를 공약으로 내걸었습니다.

그런데 미국의 순자산 상위 5%가 반대를 하고 나섰지요.

빌게이츠, 워렌버핏, 조지소로스 등입니다.

그들은 이렇게 말을 했습니다.

① "가난한 집의 아들로 태어나 부자가 된 나를 있게 만든 것은 자본주의이다."
② "자본주의의 정부 정책과 사회 구성원이 없었다면 오늘날의 나는 없다."
③ "우리를 부자로 만들어준 자본주의를 위해서 상속세는 유지되어야 하고 더 높아져야 한다."
④ "부자들은 자본주의의 최대 수혜자다."
⑤ "자본주의의 버팀목은 서민과 중산층, 상속세가 폐지되면 이들이 더 많

은 세금을 부담하게 되고 이는 자본주의를 몰락하게 만든다."

⑥ "우리는 부자를 없애려는 것이 아니다. 더 많은 부자를 만들려고 하는 것이다."

워렌버핏은 "나의 재산의 99%를 사회에 환원한다"

빌게이츠 "나의 재산의 4,600분의 1만 남겨줄 것이다. 그리고 나머지는 사회에 환원한다"

조지소로스 "헝가리 출신인 나는 동유럽에서 받은 나의 혜택을 돌려주려 한다"며, 32조원을 기부했지요.

빌게이츠와 아버지 빌게이츠 시니어

부자는 온전히 혼자의 힘만으로 이루어진 것이 아니라, 누군가 그들의 물건을 사주고, 그들을 위해서 노동을 했기 때문이지요.

99%의 희생이 없었다면 1%가 탄생할 수 없는 것입니다.

88.

전문직의 마케팅

제 주변에는 회계사들이 많이 있습니다.

제가 개인적으로 수학과, 숫자를 다루는 사람들을 선호하기 때문이기도 하지요. 퀀트 (나사의 물리학자들이 월스트리트에 진출해 위험을 측정하는 모형을 만들고 미래를 예측)들이 월스트리트에 많은 것과도 같은 맥락입니다.

저와 외국에서 일하던 한 친구는 MIT를 졸업하고 나사에서 인공위성의 궤도에 관한 다양한 가능성을 연구하던 친구도 있었습니다.

금융이 수학화 되다 보니 어떤 가능성을 예측하는 것과 수익률을 예측하는 것은 거의 같은 일이 되었기 때문이지요.

저는 개인적으로 35살까지는 자기의 전문분야가 없다고 생각하고 다양한 경력을 쌓은 후, 35-40세에 자기의 전공 분야가 금융에서는 정해진다고 생각하는 사람입니다.

제 주변의 많은 회계사들은 대개 다음과 같이 나누어 집니다.
① 빅펌에 근무하는 회계사들
② 로컬 회계 법인에 근무하는 회계사들
③ 이미 40을 넘겨 반개라고 하는 개업을 하는 회계사들
④ 회계사 자격증을 가지고 다양한 분양에서 근무하는 회계사들, 자산운용사, NPL, 부동산 금융, 태양광 등등
저에게 취직을 부탁하러 오는 회계사들도 무척이나 많습니다.

제가 외국인이든 한국인이든 부하직원들 10명중 9명에게 좋은 소리를 듣는 상사는 아닙니다.
대부분이 잔인하다는 평을 들었지요.

많은 회계사와 인터뷰하면 연봉 1억이 꿈이고, 자기의 회계법인을 가지고 싶고, 고객 30-50명을 모아서 매출 2억원에 고정비 1억원 그리고 자기 수입 1억원이 목표라고 합니다.

35세 정도되면 연봉 6천만원, 40세 정도가 되면 연봉 1억원정도가 되는

데, 그 이상이 나이가 되면 법인에서 부담스러워해 결국 반개업, 또는 개업을 하게 되는 듯 합니다.

젊어서 회계사가 되면 안정된 직장을 가질 수 있다 생각하여 열심히 공부하여 회계사가 되었지만 그 수명이 너무 짧은 것이 흠입니다.
40이 되면 아무도 수익을 보장해 주지 않으니까요.

우리 회사의 이 회계사도 정말 저에게 무참하게 굴욕적인 일을 많이 당합니다.
그래도 잘 참아내니 다행입니다.

제가 직원들에게 잔인하다는 평을 들을 정도로 강하게 지도하는 이유는 어차피 생존경쟁인 정글의 사회에서 살아남으려면 최선, 최고가 되지 않으면 안 되기 때문이지요. 남이 자기를 배려하거나, 대충해서 운에 기대는 것은 불가능한 사회이기 때문입니다.

나름 좋은 대학을 나오고 회계사 자격증이 있고, 경력이 있다는 친구들도 우리 회사에 와서 인턴 생활을 하면 한없이 초라한 모습을 느끼게 되지요.
최고의 학부, 최고의 경력, 최고의 자격증을 가진 사람들이 세상에 정말 많고 그런 사람들이 경쟁에 살아남기 위해 얼마나 피나는 노력을 한다는 것을 피부로 느끼게 되니까요.

저는 회계사들에게 독립 하는 순간 그때부터는 전문직인 아닌 일개 세일즈맨이라고 말해줍니다.
매년 17% 증가하는 신규회계법인과 수많은 세무사들과 경쟁해서 고객을 모아야 하니까요.

요즈음 동창회에 가면 변호사, 회계사 친구들을 너무도 쉽게 봅니다. 다들 영업을 하려고 나오는 것이지요.
그만큼 레드오션 마켓이 되어가고 있는 것이지요.

아무도 자기의 미래의 수익을 보장해주지 않으니까요.

따라서 회계사가 독립하는 것과 스타트업 창업을 하는 것은 별로 차이가 없습니다.

에어비앤비가 등장하기 전 똑 같은 비즈니스 모델로 시작한 회사가 있었지요.
바로 카우치서핑이라는 회사였고 열렬한 마니아 고객층도 있었습니다.
먼저 출발해고 인지도도 높았지요.

이들은 숙박료를 고객에게 부담하지 않게 하고 "인생은 짧다. 의미 있는 일을 하고 싶다"라는 목표로 회사를 운영했습니다.

그래서 고객에게 다양한 수익 모델의 서비스를 제공하지 못하고 단지 숙박시설 공유서비스만 했지요.

심리스휠, 택시매직, 캐블러스라는 서비스가 우버와 비슷한 비즈니스 모델로 일찍 시작되었습니다.

하지만 기술적 결함, 서비스의 다양성 부족, 순진한 비즈니스 접근으로 모두 망하고 말았습니다.

창의적인 아이디어가 세상을 바꾼다고 사람들은 이야기를 합니다.

하지만 고객은, 시장은 다음과 이야기를 묻습니다.

① 고객은 누가 먼저 시작했는지 묻지 않는다. 누가 더 나은 서비스를 제공하는지를 묻는다.
② 고객은 누가 더 이상적인 비즈니스인지 묻지 않는다. 누가 더 현실적인지 물을 뿐.

③ 고객은 누가 더 착한지 묻지 않는다. 누가 더 많은 편익을 제공하는 지물을 뿐.

독립을 하는 회계사나 스타트업을 시작하는 모든 창업가들은 오직 고객과 시장을 바라보며 철저하게 정답을 찾고 끊임없는 열정과 의지, 그리고 냉철한 판단력이 없으면 모두 미래를 기약할 수 없습니다.

창의적인 아이디어나 자신이 보유한 기술이 세상을 바꾸는 것이 아니라 성공은 위와 같은 것에 의해 좌우되고 세상은 이런 사람들이 바꾸지요.

89.

니즈와 원츠

니즈와 원츠, 다른 말로는 필요와 욕구라고 풀이합니다.

모든 상품기획은 위의 두 가지 단어가 필수 불가결의 단어입니다. 상품 기획 하는 사람들은 소비자의 필요를 만족하기 위해 끊임없이 제품을 기획합니다.

그런데 우리는 필요가 없이도 소비되는 상품들을 가끔 봅니다.

예를 들지요, 넥타이는 필요는 없는데 남자들이 모두 구매를 합니다. 이유는 욕구 때문입니다. 패션에 민감하고, 사람들의 눈에 잘 보이기 위한 욕구 때문입니다.

사람의 욕구를 자극하는 마케팅은 한계효용효과의 감소가 없습니다. 한계효용이라는 것은 목이 마를 때 물을 마시는 것과 이후에 마시는 물은 그 차이가 나는 것을 말합니다.

목이 마를 때는 한계효용이 크지만 이후에는 점점 한계효용이 줄어들게 되지요.

즉, 넥타이는 다양하게 많을수록 좋습니다. 즉, 한계효용의 감소가 없는 것이지요.

즉, 욕구에는 한계가 없습니다. 욕구를 자극하는 마케팅이야말로 중요한 것이지요. 가방은 필요라는 측면에서는 무엇을 넣고 다니면 되지만 욕구라는 측면에서는 명품이면 좋지요.

부동산에서도 이런 필요와 욕구가 존재합니다.

* 사람이 쉬고 잘 수 있는 공간에서는 필요의 측면이 있고, 다양하게 여러 개를 가지고 싶은 것은 욕구 측면입니다.

* 역세권에 있어야 하는 것은 필요의 측면이고, 학군과 지역이 부유한 지역에 있어야 하는 것은 욕구 측면입니다.

* 1가구용 작은 것은 필요의 측면이고, 넓은 평수를 선호하는 것은 욕구 측면입니다.

* 도심에 오피스가 있어야 하는 것은 필요의 측면이고, 프리미움 오피스는 세입자들의 욕구를 자극하는 것이지요.

* 유동인구가 많은 곳에 위치하여야 하는 상가는 필요 측면이고, 멀티플렉스는 욕구측면을 자극하는 것입니다.

부동산을 개발하는 것은 상품을 기획하는 것과 같은 것입니다. 무조건 땅만 확보하고 수익만 나오면 된다는 생각은 버려야 하지요.
소비자, 즉 수분양자의 필요와 욕구를 배려하지 않으면 반드시 실패합니다.

분양대행 전략도 마찬가지입니다. 제가 설계단계부터 분양대행사를 투입하는 가장 큰 이유가 바로 이 필요와 욕구를 반영하기 위해서 입니다.
필요와 욕구의 접점을 찾고, 시공비와 건물의 용도, 크기, 세대당 크기를 결정하는 것이 무엇보다 중요합니다.

저는 제 주위에 많은 분들이 여기에 무엇을 세우면 될 것 같다는 말을 참 많이 듣습니다.

한 기업에서 상품기획은 참으로 많은 사람들이 참여하고 노력과 시간, 비용을 투자하여 진행하는 것입니다.

그런데 일개 개인이 문득 생각나는 것을 아이디어라고 하는 것은 참으로 어처구니없는 것입니다.

부동산은 돈만 조달되면 되는 것이 아닙니다. 뛰어난 상품기획과 수분양자의 필요와 욕구를 반영하지 못하면 안 되지요.

90.

매몰비용

재미있는 심리학 실험이 있었습니다.

100명의 사업가에게 다음과 같은 질문을 던졌습니다.

"비행기를 제작하는데, 100만불을 투자해야 하는데, 경쟁사가 이미 그보다 성능이 좋고 저렴한 비행기를 제작했다. 당신은 비행기를 위해 100만불을 투자할 것인가?"

위의 질문에 85%가 "아니요." 라고 대답을 했습니다.

그래서 다시 다음과 같이 질문을 던졌습니다.

"이미 비행기 제작을 위해 2백만불을 투자했다. 상대측이 이미 그보다 성능이 좋고 저렴한 비행기를 제작했는데, 당신은 비행기를 위해 100만불을 투자할 것인가?"

이번에는 답변자의 85%가 "그렇다"라고 대답을 했습니다.

이유는 이미 투자한 돈이 아까워서 미련을 못 버리는 것이지요.

이때 이미 투자한 돈을 소위 "매몰비용"이라고 합니다.

수원 호매실에 오피스텔 부지를 구입하려고 10억원을 지불한 후배가 있었습니다.

"너희들은 젊다, 호매실은 사업성도 부족하고 추가로 10억원이 투자되어야 하니, 이미 투자한 돈은 잊고 지금이라도 시간을 아껴서 새로 시작해라"라고 조언을 했지요.

하지만 후배들은 미련을 포기하기 못하고 그로부터 6개월이 지난 후에 단 한푼도 건지지 못하고 돌아서야 했습니다.

이미 투자한 돈이 아까워서 미련을 버리지 못하면 더 많은 돈과 시간을 잃어버리게 됩니다.

정확한 판단으로 나아 갈 때와 물러 설 때를 판단해야 합니다.

저희 회사는 PM & FA를 할 때 고객에게 계약금 10%를 요구합니다.

물론 저희가 어떠한 서비스를 제공할지 자세한 설명과 문서를 제공한 후에 요구합니다.

그런데, 이를 지급하지 않는 고객과는 과감하게 일을 하지 않습니다.

바로 고객이 추후에 지급할 것이라는 막연한 기대감으로 일을 추진하는 것은 매몰비용을 키우는 일이기 때문이지요.

그 시간에 다른 일을 찾는 것이 더 효율적입니다.
열심히 고객을 위해 시간과 노력을 투자했는데, 고객이 약속을 이행하지 않으면 매몰비용만 증가하기 때문이지요.

매몰비용을 키우지 않기 위해 항상 투자 전에 신중한 검토와 분석이 필요합니다.

일단 매몰비용이 발생하면 냉정하게 물러설 줄 알아야 합니다.

그것이 돈을 버는 방법이지요. 무형의 자산인 시간과 노력은 결코 돈보다 못한 것이 아니고 더 많은 돈을 벌 수 있는 기회를 날려버리는 경우가 허다하게 발생합니다.

91.

"9"의 비밀

여러분은 쇼핑을 하다 보면 5,900원, 99,000원 등 끝이 9자리로 끝나는 상품의 가격을 많이 보았을 겁니다.

이 9자리로 끝나는 가격표의 비밀을 말씀드리고자 합니다.

미국의 한 통신판매회사가 원가 39달러짜리 옷을 34, 39, 40달러로 표기해서 팔았습니다.

일반적으로 같은 옷인데 당연히 34달러 가격표가 많이 팔려야 하는데, 가장 많이 팔린것은 39달러 짜리 옷이었습니다.

즉, 소비자는 34달러 짜리 옷은 34달러의 기능밖에 못 한 저렴한 옷이고, 39달러 짜리는 40달러 이상의 옷을 할인해서 판다고 생각한 것입니다.

이와 비슷한 실험이 또 있었습니다. 미국 노스웨스턴대학과 MIT가 공동 연구한 결과에 의하면 34달러짜리 옷을 39달러로 인상했더니 매출액이 33% 늘었고, 34달러에서 44달러로 인상했더니 매출액이 같았다고 합니다.

더 재미있는 이야기는 우리나라의 커피 이야기 입니다.

제일 싼 프랜차이즈 A사의 커피값이 3,400원입니다. B 프랜차이즈는 4,300원인데, 10% 할인을 적용해서 3,900원을 받습니다.
당연히 B사의 매출액이 월등히 높습니다.

소비자는 4,300원짜리를 할인해서 3,900원에 파는 것이고, 3,400원짜리는 그보다 품질이나 맛이 못하다고 판단하는 것이지요.

똑같은 제품에서도 이와 비슷한 경우가 있습니다.

동일한 여성 핸드백을 백화점에서는 30% 세일해서 39만원, 면세점에서는 10% 할인해서 32만원, 홈쇼핑에서는 20% 할인특가로 25만원, 인터넷에서 15% VIP할인해서 22만원에 팝니다.

소비자는 39만원짜리 백화점 30% 세일 제품을 많이 산다고 합니다.

이유는 백화점에서는 50만원이 넘는 것을 30% 세일하는 것이고 백화점 제품이 50만원에서 할인폭이 제일 크기 때문이라는 것입니다.

즉, 소비자는 가격이 판단기준이 아니라 할인폭이 판단 기준인 것이지요.

우리는 기업의 가격 마케팅 전략에 따라 비싼 것을 싸다고 여기면서 구매하는 것입니다.

92.
블랙스완

여러분은 검은 백조 (black swan, 블랙스완)이라면 영화 제목을 떠 올리실지 모르겠습니다.

스타워즈에 출연했던 나탈리 포트만 주연의 영화였지요.

경제용어로 검은 백조 (black swan, 블랙스완)이라는 뜻은 "일어나지 않을 것 같은 일이 일어났다"라는 뜻입니다.

911테러, 브렉시트, 후쿠시마 원전 사고, 세월호 사건, 노키아와 소니, 코닥의 몰락 등이 그런 Case입니다.

이렇게 검은 백조 (black swan, 블랙스완)이란 것은 도저히 상상할 수 없는 일들이 현실화 된 것을 의미합니다.

이 용어는 호주에서 실제 발견된 검은색 백조를 들은 영국인들이 거짓말이라고 믿지 않으려고 했다가 실제 확인 후 경악을 금치 못했다는 말에서 유래된 것이라고 합니다.

검은 백조 (black swan, 블랙스완)이 나쁜 뜻만 있는 것은 아닙니다.
예를 들어 싸이의 "강남스타일"이 유튜브를 통한 세계적인 홍행을 한 것, 오바마 흑인 대통령이 당선된 것, 아이폰의 등장 등 좋은 의미의 일어나지 않을 것 같은 일이 일어난 일도 많았습니다.

최근에 검은 백조 (black swan, 블랙스완)이 주목을 받고 있는 이유는 이러한 현상이 가속화되고 있다는 뜻입니다. 단순히 운으로 치부하기에는 그 파장의 충격파와 현상이 자주 일어난다는 것이지요.

예전에는 완벽한 시스템의 경제구조 특성상 특별한 일로 그 구조의 균열이 가게 하는 것이 힘들었는데, 현재는 이러한 예측하지도, 꿈도 꾸지 못한 일들이 종종 발생한다는 것이지요.
싸이의 강남스타일은 현존하는 방송과 홍보, 광고시스템을 따랐다면 과연 성공했을 수 있을까요.

SNS, 유튜브, 인터넷의 발달로 인해 도저히 상상할 수 없는 방법으로 흥행에 성공했던 것이지요.

검은 백조 (black swan, 블랙스완)의 현상이 두렵기까지 한 것은 도저히 예측이 불가능해서 그 파장이 엄청난 충격파를 가져온다는 것입니다.

행동경제학에서는 이런 검은 백조 (black swan, 블랙스완)의 현상을 자연스러운 현상으로 파악하지요.

완벽한 신 같은 존재의 인간은 없기에 이런 검은 백조 (black swan, 블랙스완) 같은 현상은 어쩌면 당연하다는 뜻입니다.

우리는 종종 우리가 불확실성의 시대에 살고 있다고 합니다.
검은 백조 (black swan, 블랙스완)이 자주 일어나는 일은 아니지만, 우리는 검은 백조 (black swan, 블랙스완)을 염두에 두어야 하는 시대에 살고 있는지 모릅니다.

이런 검은 백조 (black swan, 블랙스완)이 한번 일어나면 주식시장, 채권시장, 기업경기, 개인의 삶, 부동산시장 등에 엄청난 파장을 일으켜, 하루아침에 파산을 일으킬 수도 있습니다.

　사업을 하시는 모든 분들은 가끔 검은 백조 (black swan, 블랙스완) 현상을 염두에 두시고 의사결정을 하시는 것이 결코 "자라보고 놀란 가슴 솥뚜껑 보고 놀라는 격"이 아니라는 것을 강조하고 싶습니다.

93.
신경 행동 경제학

여러분 혹시 호모오일리쿠스, 호모에코노미쿠스, 호모헌드레드라는 말을 들어보셨나요?

현재의 사람들의 행동 양태를 진화심리학적인 이유에서 분석하고 이름을 붙인 것입니다.

개리커머스사 쓴 클루지라는 책을 읽은 적이 있습니다. 클루지란 "낡은 퇴물이지만 애착이 가는 컴퓨터"라는 뜻이지요.

이 뜻은 인간은 미래를 설계하고 용의주도하게 계획을 하는 영리한 종족이지만 동시에 순간의 쾌락이나 즐거움 때문에 모든 것을 포기하는 존재라는 뜻입니다.

인간은 당장의 생존이 최대의 목적이 되도록 설계되어 있는 비합리적인 컴퓨터라는 것이지요.

다이어트를 하다가도 눈앞에 놓인 맛있는 음식의 유혹을 물리치지 못하고 담배를 끊다가도 담배가 주는 여유로움에 금연을 포기한다는 것입니다. 심지어 영국의 한 설문조사에서는 회의 시간에 섹스에 대한 환상을 하는 직원들이 전체의 1/3이라고 하는 군요.

장기적으로 주식시장이나, 채권시장, 환율이 정상을 찾을 것이라는 것을 알면서도 투매의 공포에 휩싸여 덩달아 투매와 투기의 대열에 동참하는 것입니다.

이런 자료들이 인간이 얼마나 충동적인 쾌락과 즐거움에 나약한 존재인지 잘 보여줍니다.

진화심리학에서는 자연 선택으로 진화되는 모든 동물들은 자연 선택이 장기적으로 이로울지도 모르는 것을 포기하고 지금 당장 생존에 유리한 것을 선택하는 결과물이라고 설명합니다.

인간들의 이런 합리적인 선택보다 충동적인 선택을 하는 것을 두고 위대한 물리학자 아이작 뉴턴은 "나는 천체의 운동을 계산하여 예측할 수는 있으나, 사람들의 광기를 계산하여 예측하지는 못한다"라고 했습니다.

Savanna Principle (사바나원칙)이라는 것이 있습니다. 1만년은 우리의 뇌가 주변의 환경에 따라 생각이 변화하기에는 짧은 기간이라는 것입니다. 따라서, 현대를 사는 우리의 뇌는 1만년전 정글에서 살았던 호모사피엔스의 뇌가 완전히 변화되지 않고 남아있다는 뜻이지요.

호모에코노미쿠스, 기존 경제학이 인간은 충분한 정보가 주어지면 자신의 이익을 극대화하기 위하여 지극히 합리적으로 행동하며, 이익을 위해 자신의 행동을 적절히 조절할 줄 알고, 단기적으로나 장기적으로 자신에게 불이익이 될 행동은 하지 않는 존재라고 가정해왔지요.
행동경제학은 "인간이 합리적인 의사결정만을 하는가? 그러면 기부나 자선 행위는?" 이런 사회주의 의사결정은 왜 일어나는가를 탐구하는 학문입니다.

제가 공포, 불안에 대한 군중 심리를 언급한 적이 많이 있습니다. 당장의 손실을 막도록 설계된 인간의 뇌는 장기적으로 모두의 이익을 위해 참아야 하는 투매나 투기를 참지 못하는 것이지요.

주류 경제학은 이런 인간을 합리적인 선택만을 하는 존재 호모에코노미쿠스로 가정한 경제학이다 보니 많은 것을 설명할 수가 없었습니다.
그래서 태동하는 것이 신경경제학이지요. 명품을 보면 왜 구매를 할까, 이쁜 여자를 보면 왜 군침을 흘리고 미리 잡은 중요한 약속을 잊게 될까 등등, 우리의 선택이 우리 뇌의 신경계의 어떠한 변화에 의해서 작동하는지를 연구하는 학문입니다.

94.

신뢰와 신용의 차이

여러분은 신뢰(Confidence)와 신용(Credit)의 차이를 아시나요.
금융에서는 분명히 두 개의 단어가 다르게 사용됩니다.

한국말로 사용하면, 금융에서

신뢰 : 채권자, 채무자의 자료나 말은 믿을 수 있다는 뜻입니다.
신용 : 채권자, 채무자는 돈을 빌려주거나, 갚을 능력이 있다는 뜻입니다.

따라서, 우리는 세계적인 신용평가 업체인 무디스, 스탠다드푸어스를 신뢰하는 것이고 그들이 평가하는 신용등급이 채무자가 갚을 능력을 수치로 표현하는 것입니다.

구체적으로 예를 들면

- 한 채무자가 금융기관에 제출한 자료에 대하여 금융기관이 신뢰를 보인다는 뜻은 채무자가 거짓말을 하지 않으면, 숨기는 것이 없다는 것이고
- 채무자가 신용이 있다는 것은 이자를 연체한 적이 없고, 채무를 상환하지 못한 적이 없다는 것입니다.

금융자본주의에서는 위의 두 가지 단어에 의한 모든 금리, 수수료와 대출 여부가 결정됩니다.

서브프라임의 문제는

- 신용이 없는 사람에게 대출을 해준 것과
- 그런 채권을 신뢰성이 인정받고 있는 무디스와 스탠다드 푸어스가 신용등급 AAA를 주어 미국 정부와 동등한 신용을 부여한 것이지요. 즉, 채무자가 못 갚을 가능성이 없다는 평가를 한 것이지요.

이렇게 금융자본주의에서 신뢰와 신용은 매우 중요한 단어입니다.

95.

현대인의 직업

예전에는 어르신들이 이런 말을 자주 하시곤 했습니다.

직업을 선택할 때 "네가 좋아하는 것, 네가 할 수 있는 것, 네가 해야만 하는 것"을 선택해라.

청년 실업이 20%가 되는 현재의 시대에는 너무나 낭만적으로 들리는 이야기 입니다.

신자유자본주의 경제체제에서는 4가지 직종뿐이 존재하지 않는 다고 합니다.

- 사업가 : 사업가, 상위 10% 브루주아
- 투자가 : 투자가, 주주 등
- 프리랜서 : 전문직, 변호사, 회계사, 의사 등
- 노동자 : 임금을 받고 살아가는 사람, 프롤레타리아

이전 자본주의에서는 브루주아인 사업가와 노동자인 프롤레타리아만 존재하였다면, 금융자본주의가 도래하고 변화된 4가지 직종군 입니다.

재미있는 것은 노동자도 주식을 사서 투자가가 될 수 있고, 프리랜서는 자금을 모아 사업가가 될 수 있는 기회가 있는 것이지요.

노동자 --> 투자가
프리랜서 --> 사업가

자본주의 사회에서는 무한경쟁이고 그 속에서 신분 상승의 욕구가 끊임없이 존재하기에 직종 간의 상승 욕구는 항상 존재합니다.

생산수단을 소유한 사업가가 상품을 생산하여 100의 이익을 얻었다면, 그 중 30%를 노동자가 가지고 가고, 투자가가 30%를 사업가가 40%를 가지고 갑니다.

그런데, 재미있는 것은 30%이익을 가지고 가는 노동자가 70명이고, 투자

가가 20명, 사업가가 10명이라는 것이지요 (100명을 기준으로)

- 결국 70명의 노동자가 30%의 이익을 나누어 갖고
- 20명의 투자가가 30% 수익을 나누어 가지며
- 10명의 사업가가 40%의 수익을 차지합니다.

그래서 자본주의 사회에서는 부익부 빈익빈의 차별이 극대화 될 수 밖에 없고, 프리랜서, 노동자는 사업가, 투자가로서의 신분상승을 꿈꾸게 되는 것입니다.

여러분은 어디에 속하시는 지요. 다만 조심하여야 하는 것이 있습니다.

사업가는 모든 RISK를 부담합니다.
프리랜서는 자기의 재능을 팔기에 RISK에 대한 부담이 적었는데, 사업가는 그 RISK의 크기가 비교되지 않지요. 그래서 많은 책으로만 사업가를 배운 프리랜서들이 사업가로의 신분상을 꿈꾸다 노동자보다 하위계층으로 전락하는 경우가 생기게 됩니다.

노동자도 마찬가지지요. 안정된 급여만 받으면 되는데, 투자가로써 신분상을 꾀하다가 주식으로 모은 돈을 모두 탕진하거나, 탕진한 돈을 만회하려고 부정을 저지르다가 노동자의 신분마저 잃게 됩니다.

95. • 현대인의 직업

여러분의 자식들에게 어느 직장 군을 선택하라고 하시고 싶으신지요.

저는 노동자로서 경험을 쌓고 프리랜서로서 욕심을 버리고 자기생활에 만족하는 사람이 되라고 말하곤 합니다.

사람들의 성공의 기준이 좋은 학교, 좋은 직장이지만, 제 경험으로는 조그마한 커피숍을 운영하더라도 자기가 행복하다고 생각하면 그게 최고의 직장인 듯 합니다.

저는 금융업계에 종사해 제 주위 금융인들은 다른 사람들보다 많은 임금을 받습니다. 하지만 끊임없는 실적의 스트레스 및 동종업계의 경쟁속에서 치열한 싸움을 하면서 살아야 하는 그들은 일반인 보다 더 많은 스트레스 속에서 살아야 하지요.

어떤 것이 행복인지는 여러분의 선택에 맡기도록 하지요.

96.

이삭 줍는 여인들 (사회적 가치)

밀레의 이삭 줍는 여인들입니다.

추수가 끝나면 토지주가 여인들에게 이삭을 주워 생계에 보탬이 되게 하는 것을 그린 작품입니다.

구약성경에 보면 룻기라는 편이 있습니다.

이스라엘 살다가 흉년이 심해지자, 나오미는 남편과 두 아들과 같이 모압으로 이주합니다.

그런데 남편도 두 아들도 죽게 되자, 나오미는 모압에서 결혼한 모압의 며느리, 에르가와 룻에게 모압에 남으라고 권하지만 룻은 시어머니인 나오미를 따라 이스라엘로 돌아옵니다.

나오미를 따라온 룻은 끼니를 걱정하게 되고, 보아스의 밭에서 이삭을 줍게 되었습니다.

보아스가 룻에게 이삭을 줍게 허락한 이유는

하나님의 율법인

1) 고아

2) 과부

3) 가난한 자를 돌보아 주라는

기준을 따른 것이지요.

보아스는 나오미 남편의 가문이었고, 기업 무를 자 "과부와 결혼하여 가문의 책임과 권한을 승계하는 것"이었지요.

그래서 결론적으로 보아스는 나오기 가문의 채무를 모두 책임지고 룻과 결혼을 하며 이스라엘 다윗왕의 가문이 시작됩니다.

하나님의 율법인 고아, 과부, 가난한자를 돌보라는 것
그리고 그 대표적인 그림인 "이삭을 줍는 여인"들은 바로 유럽의 "사회적 기업"의 시작입니다.

사회적 약자들을 돌보고 이익만을 추구하는 기업이 아닌 사회적 약자를 돌보고 사회와 동반 발전하는 기업인 것이지요.

사회적 기업은 복지 기업과 다릅니다.
복지 기업은 정부의 지원으로 자선을 목표로 하는 기업이지만 사회적기업은 단순 자선이 목표가 아닌, 자립과 발전을 목표로 합니다.
영국의 사회적기업은 전국적으로 55,000개이고 최초의 사회적 기업인 로치데일 협동조합의 탄생 국가이지요.

영국의 대표적인 사회적기업으로 종종 유명 쉐프인 제이미 올리버를 듭니다.
그는 런던에 피프틴 레스토랑을 만들고 매년 15명의 사회적 문제아를 데려와 지독한 훈련을 시켜 쉐프로 육성합니다.
훌륭한 레스토랑이라는 이름이 나자 음식값은 비싸졌지만 수익은 모두 15

명의 쉐프를 길러내는 데 사용됩니다.

우리나라에서 현재의 박원순 시장이 만든 "아름다운 가게"라는 사회적기업이 있었지요.
사람들이 자발적으로 물품을 기증하면, 이를 보수하여 판매하고 그 수익을 사회적 약자의 자립을 위해 사용하였지요.

이렇듯, 사회적기업은 자체적으로 수익을 창출하고 사회적 약자들을 육성 발전하는 곳에 사용하는 기업입니다.

자본주의가 이익창출과 생산성만을 강조하지만, 이제 가치와 사회적 기여도를 중시하는 풍토가 조성되고 있습니다.
기업의 사회적 책임을 강조하는 기업의 CSR (COOPERATE SOCIAL RESPONCIBILITY) 경영전략도 이제 많이 등장하고 있지요.

요즈음 혼합 가치 경제라는 것은 제드 에머슨에 의해서 주장된 것으로 BLENDED MARKET VALUE라고도 합니다.
단순한 이익만의 경제적 가치가 아닌, 환경, 사회적 기여가 혼합된 가치만이 미래에 중요한 가치로 인정을 받을 것이라는 것이지요.

자본주의에서 소득수준이 높아지고 저성장, 저물가, 저금리의 시대를 맞고 있는 선진국에서도 최근 자본주의의 변화를 모색하고 있으며, 그 모습은 결국 이익보다 가치가 될 것이라는 것에 많은 관심을 가지고 있습니다.

앞으로는 사회적 가치, 환경적 가치가 없으면 결국 경제적 가치가 없을 것이라는 것이지요.

부동산도 마찬가지입니다. 주변 상황과의 어우러짐, 친환경적 건물 등이 없으면 수익이 발생하기 어렵다는 것이지요.

건물주의 지나친 탐욕으로 임차인이 빠져나가면 주변 상권은 몰락합니다.
환경을 무시하고 무조건 고층만 짓는다고 사람들이 찾아 가지 않고, 인사동처럼 전통 골목이 보존되는 것을 사람이 좋아하지요.

앞으로 무엇을, 왜, 어떻게, 어디에 개발하느냐에 답이 없이 무조건 개발만 한다면 모두가 실패할 겁니다.

97.
가치주의

위의 그림은 예수께서 성전에 들어가 환전을 해주는 고리 대금업자들에게 분노해 상을 엎고 그들을 성전에 쫓아내는 그림입니다.

당신 제사장들은 사리사욕을 위해 성전에 바칠 재물을 사려면 성전에서 사용하는 동전을 사야 했고, 일반 화폐를 가져와 그 동전을 구매 후, 그 동전으로만 양, 향 등 재물을 구매할 수 있었습니다. 즉, 사금융 형태였던 것이지요.

이 동전에 막대한 수수료를 얹어서 제사장들이 폭리를 취했던 것입니다.
이에 예수께서 환전상인들에게 크게 격노하시고 "누가 내 아버지의 성전을 더럽히고 있냐고" 대노를 하시게 됩니다.
"기록된바 내 집은 만민이 기도하는 집이라 칭하였거늘, 너희는 어찌하여 강도의 소굴로 만들려 하느냐"   - 마가복음 -

이후 로마 카톨릭은 이자를 받는 모든 금융업을 지옥에 가야 하는 나쁜 죄악으로 여기게 되었습니다.
그래서 유일하게 유대인만이 대부업을 할 수 있었지만, 그들은 천하게 여겨졌지요.

이것이 변한 것은 1555년 제네바에서 개신교의 이론가인 캘빈이 기독교적 가치의 중요성은 귀족들의 사치나 게으름이 아닌 근면, 자기절제, 인내, 정직, 의무를 다하는 노동자와 상인의 중요성을 강조하고 그들이 하나님이 보기에 좋은 자녀라는 것을 가르쳤습니다.

이후, 이탈리아 메디치가, 네덜란드 상업가들을 통해서 자본주의가 발전하기 시작했습니다.

아담스미스가 국부론을 집필하여 시장의 작동원리와 인간의 이기심이 자본주의를 발전시키는 원동력이라는 말을 했습니다.

이후 산업자본주의 시대가 도래하면서 영국에서는 상인과 자본가가 노동자들의 노동력을 착취하면서 많은 자본주의 문제를 야기 했습니다.

찰스디킨스는 "어려운 시절"이라는 책을 써서 어린 노동자들에게 무자비한 자본가를 표현하면서 자본가의 탐욕을 비판했습니다. 소수의 풍요로움은 많은 노동자들의 희생 때문에 얻어진 것이라는 것이지요.

산업자본주의가 들어서면서 대량 생산이 가능해지자 자본가들은 "대량생산하여 가격이 싸지면 공장의 여공들도 여왕과 같은 실크 스타킹을 신을 수 있다"라는 말로 산업자본주의를 옹호했습니다.

그러자 러킨스라는 영국 학자가 등장하여, 자본가들이 사람에게 필요한 물건만을 대량 생산하는 것이 아니라 일반 자본가들을 위한 사치품등을 생산하고 공장직원들은 허름하고 싼 값의 셔츠를 입어야 하는 현 상황을 비판했지요.

이후에 칼 마르크스가 등장하여 노동자=소비자이므로 노동자를 착취하면 결국 소비자인 노동자가 물건을 구매할 돈이 없어 소비가 일어나지 않아 결국 자본가도 노동자도 파멸하는 공황이 올 것이라고 자본주의의 구조적 문제점을 지적했습니다.

그런데 반대의 현상이 일어났지요. 동독이 방송과 물건을 사회주의에게 이로운 것만 해야 한다고 하면서 국민에게 해로운 것은 생산도 판매도 안 된다는 경제정책을 했는데, 당시 국민들이 서독으로 담당을 넘어가 슈퍼마켓을 방문하고 그 슈퍼 마켓의 다양한 물건들을 보고 폭동을 일으킨 것입니다.

특히 커피는 독일 사람들이 좋아하는 물건인데, 동독에서 이에 대한 판매를 억제했기 때문입니다.

이후 칼 마르크스의 예상과는 달리 자본주의는 성공 가도를 달리고 공산주의는 파멸하게 됩니다.

자본주의가 성공하게 된 이유는 계속 문제점을 보완하여 나갔기 때문입니다.
즉, 1%를 위해 99%를 희생시켜서는 안 되고, 대부분의 대중이 잘사는 경제가 아니면 망한다는 것을 깨닫고 풍요로운 중산층의 시대를 만들었지요.

상위 1%는 아니지만 중산층이 먹고 마시고 즐기는 것에 여유로움을 주는 자본주의 시대가 되면서 자본주의는 승승장구하게 됩니다.

그렇게 100년이 흘러왔습니다.

자본주의는 신기술 개발에 의해 끊임없이 제품을 만들었고 중산층 소비자를 자극했지요.

세계화라는 주제에 따라 기술은 극도로 발전했고, 반대로 국가간의 부익부 빈익빈 현상은 심해져만 갔으며, 자연환경의 피해는 커져만 갔습니다.

한 예로 애플의 아이폰을 만들기 위해 중국의 폭스 공장에서 수많은 노동자들이 적은 임금으로 위험한 작업을 해야 했다고 비판합니다.

즉, 소수를 위해서 다수를 희생한 영국의 초기 산업자본주의 시대를 떠 올린다고 많은 비판을 받아야 했습니다.

여전히 선진국의 중산층과 소수 부유층을 위해 세계의 저임금 노동자를 착취하고 있다는 비판에서 자유로울 수가 없는 것이지요.

시애틀에서 열린 WTO에서 많은 노동자들이 대규모 시위를 벌인 이유가 글로벌기업들만 노동자를 착취해 배를 불리고 있다는 이유였지요.

자본주의는 항상 다음 두 가지를 염두에 두고 탐욕에 빠지지 않게 경계해

야 한다고 합니다.

  1. 정기적으로 점검을 해서 노동자들의 고통을 무시하지 말도록 하고

  2. 회사의 부가 인간이 살면서 필요한 것들을 생산하는 것 이외에 번 돈으로 지나친 사치품에 투자되거나 사람들을 나쁜 것에 유혹(방송, 홍보)되도록 사용되면 안 된다.

예수님이 성전에서 환전 상인을 보고 격노한 이유는 다음과 같다고 생각합니다.

  돈을 버는 행위는 나쁜 것이 아니나,

  도덕적이어야 하고,

  꼭 필요한 것이어야 한다.

예수님은 2000년 전에 이미 가치주의를 설파하신 것으로 생각됩니다.

우리가 생산을 하고 소비를 하고 돈을 버는 행위는 자연스러운 것이나, 그것이 도덕적이어야 하고 사람들에게 이로운 행위여야 한다는 것이지요.

즉, 도덕적으로 벌어야 하고 사람들에게 이롭게 사용하여야 한다는 것이 자본주의의 핵심이라고 생각됩니다.

예전에는 돈만 벌면 된다고 생각했지요, 그래서 산업자본주의, 금융자본주의를 거치면서 공룡처럼 폭식자의 역할을 강조한 것이 자본주의 였습니다.

그런데 그런 자본주의의 한계가 드러나면서 자본주의는 한 번 더 자기 모습을 바꾸려고 합니다.

바로 가치주의 입니다.
부동산 시행업에서 가치주의란
어떤 건물을 짓고,
왜 짓고,
그것이 어떤 가치를 가져서
사람들에게 행복을 가져다 줄 수 있는지
를 묻는 것입니다.

이제 현재의 디지털 시대는 기술의 발달로 그동안 돈으로 표현되지 않으면 가치를 인정하지 않던 시대에서 내면의 가치를 모든 사람들에게 전달할 수 있는 시대가 되었습니다.

사람들의 "좋아요, 하이라이트, 팔로워 등등" 을 통해서, 그 내면의 가치를 디지털화 하여 보여주는 시대가 되었지요.

앞으로 도래할 자본주의는 바로 이 내면의 가치를 중요시 하지 않으면 결코 판매되지 않는 재화를 (제품, 건물, 등등) 생산하게 되어 생산자가 파멸하는 시대가 될 겁니다.

내가 하는 일이 어떤 사회적 가치를 가지고 있느냐를 생각하지 않고 단순히 돈 벌이만을 위한 것이라면 그 결과는 이제는 결코 성공적이라고 할 수 없는 자본주의 시대가 다가오고 있는 듯 합니다.

98.
에덴동산과 가치주의

하지만 끝까지 읽어봐 주시기를 부탁드립니다.

국부론의 저자인 애덤스미스,
자본론의 저자인 칼마르크스,

그들이 왜 경제학자이기 이전에 뛰어난 철학자로 칭송을 받는 지를 경제학을 공부할 수록 깨닫게 됩니다.

또한 과학으로서 이해가 안되는 신의 오묘한 진리를 경제학에서 깨닫게 되는 것도 대단하다는 느낌이 듭니다.

많은 사람들이 말하기를 시장 자본주의의 근간은 "자유"라고 말합니다. 그리고 시장 자본주의가 민주주의의 근간이고 이것이 결국 공산주의를 이겼다고 하지요.

애덤스미스는 인간의 이기심이 시장의 보이지 않는 손에 의해 시장경제를 유지하고 이것이 결국 사회를 발전시키는 원동력이라고 자본주의를 설명했습니다.

그런데 현대 자본주의에서 자유란 소유, 소비에 대한 자유를 의미하게 되었습니다.

무엇이든 소유할 수 있고, 무엇이든 살 수 있는 자유가 사람들이 추구하는 진정한 자유라는 것이지요.

이로 인해 보이지 않는 손은 끊임없이 상승하고, 공급은 과다하고 가격은 오르는 결과를 만들었습니다.

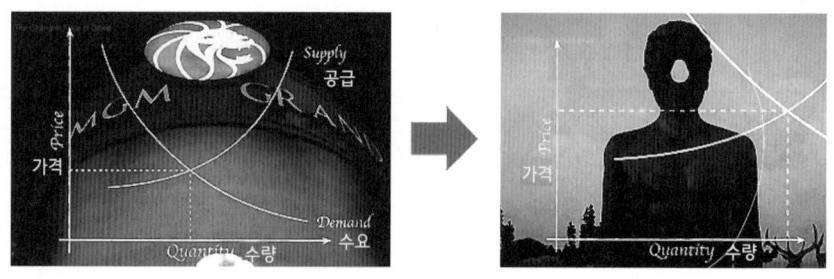

이에 대하여 저는 다음과 같은 생각을 하고 있습니다.

신이 창조한 에덴동산은 노동을 하지 않아도 살 수 있는 낙원이었지요.
그런데 이브가 사과를 먹은 후에 인간은 에덴에서 쫓겨나고 이후에 노동을 해야만 소비를 할 수 있는 상황으로 바뀌었습니다.

인간이 사과를 따 먹고 싶은 욕망이 (소비의 욕구) 인간으로 하여금 노동을 하게 만들었고, 노동력에 의해 생산을 하지 않으면 소비의 욕구가 채워지지 않으니 인간은 끊임없이 노동을 해서 생산을 하고 소비의 욕구를 채워 나가는 악순환의 고리에 빠지게 된 것으로 보입니다.

"너무 궤변인가요?"

사람들은 GDP를 다음 두 가지로 표현합니다.
GDP (Gross Domestic Product) : 경제 총량
GDP (Gross Debt Product) : 빚의 총량

자본주의 사회는 역사적으로 다음과 같이 발달했습니다.

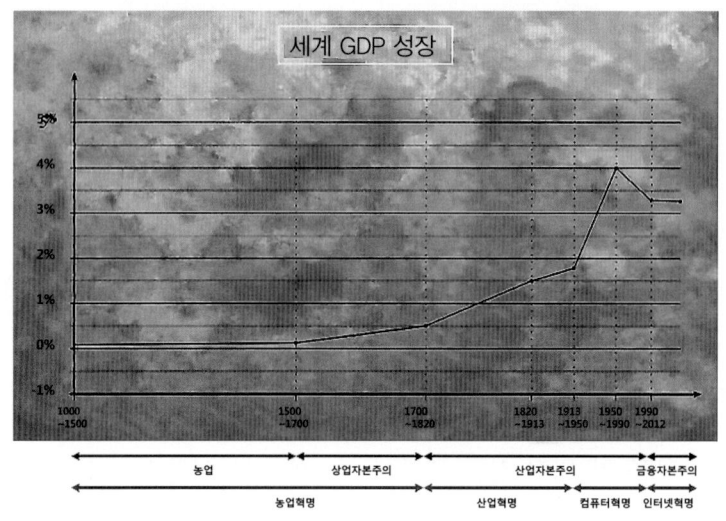

오래전에는 농업혁명이 일어나 농업이 국가의 부를 결정하는 중농주의가 대세였지요. 이 당시에는 화폐보다는 물물교환이 일반적이었습니다.

이후 네덜란드를 중심으로 배를 타고 아시아에서 향료를 수입하여 판매하는 중상주의가 대세로 나타납니다.

이후 영국을 중심으로 산업혁명이 일어나고 전 세계의 GDP는 이전과는 다르게 급격히 증가하기 시작합니다.

이때부터 화폐의 본격적인 역할의 중요성이 강조되었습니다.
그 이전에는 화폐의 용도가 제한적이었는데, 이때부터 많은 노동자, 근로자들이 화폐를 통해 재화를 소비하기 시작하면서 통화정책 (MONETARY POLICY)이 주목을 받기 시작했습니다.

산업혁명은 다음과 같이 한마디로 묘사됩니다.
"엘리자베스 여왕에게만 실크스타킹을 신기려고 생산을 하는 것이 아니라 공장의 여자 노동자도 실크스타킹을 신을 수 있게 하기 위하여 생산한다"
이전의 일부 귀족을 위한 생산에서 이제는 대중을 위한 대량생산이 이루어지고, 대중이 대량 소비를 하는 시대가 열리게 되었습니다.

이때부터 일반 대중은 소비를 하기 위해 노동력을 제공하고 그 대가를 화폐로 받게 되었습니다.

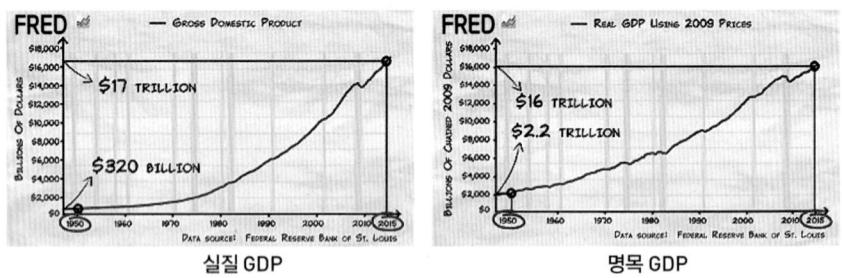

실질 GDP 명목 GDP

위의 그래프는 미국의 1950과 2015년의 실질 GDP 및 명복 GDP의 변화를 보여주는 것입니다.

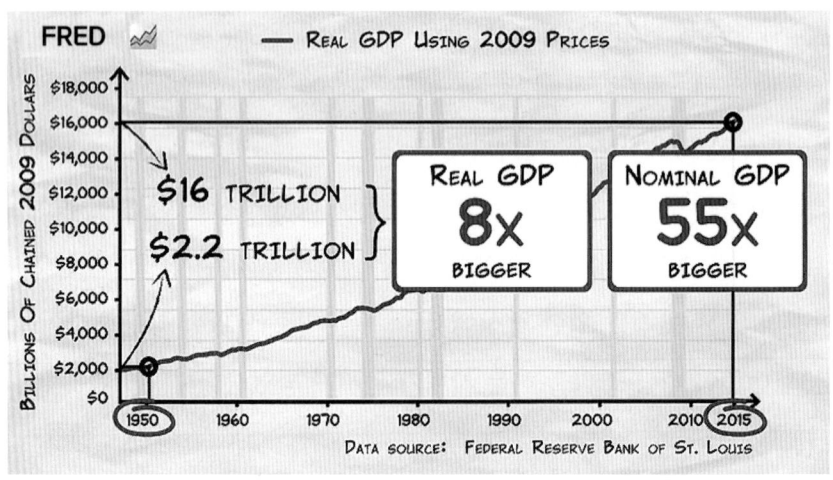

물가 상승률을 반영한 실질 GDP는 1950년에 비해 8배 상승했습니다.
즉, 8배 더 생산하고 소비했다는 뜻이지요.

그런데 물가 상승률을 반영하지 않은 명목 GDP는 1950년에 비해 55배 상승했습니다.
다른 말로 하면 화폐가치가 하락했고, 생산이 아닌 빚으로써 8배가 아닌 55배 만큼 소비했다는 뜻이 됩니다.

빚이 늘어나 화폐의 유통량이 많아졌고, 화폐의 유통량이 많아졌으니 화폐의 가치가 하락해서 물가가 상승하고 경제총량(GDP)가 증가하는 것으로 보이는 것입니다.

빚이 없어서 순전히 생산된 것이 소비되었다면 1950년에 비해 8배 더 생산되고 소비되어야 하는데 55배 생산되고 소비된 것으로 보이는 것은 순전히 화폐의 가치 하락 때문이고, 결국 빚으로 소비한 결과입니다.

이렇게 화폐의 가치하락으로, 은행에서의 빚으로 경제가 성장하는 것으로 보이기에 현재를 금융자본주의라고 부르는 것이지요.

자본주의는 한계에 부딪힐 때마다 새로운 방법을 강구했습니다.

대표적인 것이 글로벌화 이지요. 인터넷으로 발달로 세계가 하나로 묶이게 되고, 보다 싸고 많은 생산을 위해 기업들은 공장을 저렴한 인건비와 많은 노동력을 손쉽게 확보할 수 있는 곳으로 이전하게 되었고, 그렇게 글로벌화가 되면서 한 나라의 화폐가 국경을 넘어서 통용 되다보니, 금융이 중요하게 된 것입니다.

    이제는 성장이 아닌 안정을
    소비와 소유의 자유가 아닌 물질로부터의 자유를 얻는
    인간의 진정한 행복을 찾는 사회 노력이 탄생할 것이라고 생각됩니다.

로치데일의 협동조합은 자본가의 착취로부터 진정한 자유를 얻으려는 일종의 움직이었다고 생각 합니다.

자본주의에서의 善이란

인간의 이기심이 아닌, 모두에게 진정한 행복을 가져다 주는 무엇이라고 생각합니다.

제가 청년임대주택에 관심을 가지는 가장 큰 이유는 바로 이런 소비와 소유에 대한 자유를 얻을 수 있는 그 무엇이 아닐까 하는 희망 때문입니다.

99.
협동조합

영국에서 산업혁명이 일어나면서 자본계급과 노동계급의 양극화가 극심해졌지요. 옆의 사진은 로버트 오웬이라는 사람입니다.

1800년경 맨체스터의 자본가인 로버트 오웬은 공장에서 일하는 아동들이 쉴 시간이 없는 것을 보고 자체적으로 그들의 인권을 보호하기 위해 사회주의 사상을 도입한 개혁정책을 자기 공장에서 실현합니다.

목표관리경영, 유치원교육, 대안화폐, 노동운동 등.

이 분을 협동조합운동, 사회개혁의 운동의 선구자라고 하지요.

다만 너무 이상주의였다는 비평을 받습니다.

오웬의 영향을 받은 조리 홀리요크가 처음으로

노동자의 자치적인 협동조합을 만듭니다.

한국에 책으로도 소개된 "로치데일 공정선구자 협동조합"을 만든 사람이며, 선구자라는 명칭을 받고 있지요.

당신 산업혁명의 자본계급들은 노동자들을 위하여 매점 형태를 운영합니다.

그리고 그 매점에서 노동자들에게 밀가루, 버터, 설탕, 곡물, 양초 등을 팔았지요.

그런데 자본계급이 노동자 계급을 착취하기 위하여 밀가루에 모래를 섞거나, 질 나쁜 버터 등을 판매하고 판매방식도 현재의 신용카드처럼 외상으로 팔고 급여일에 제외하는 방식이었습니다.

그래서 모든 노동자들은 결국 무임금으로 노동하는 결과를 가져오게 되었습니다.

이에 생존을 위해서 로치데일 공장에서 일하는 노동자들이 노동 협동조합을 만들어 생필품을 노동자들에게 공급을 하게 됩니다.

그리고 절대로 외상으로 공급하지 않고 현금으로만 판매하였지요.

그래서 오늘날에도 최초의 협동조합 선구자라고 칭송됩니다.

빌헬름 라이파이젠은 독일의 신앙심 깊은 청년이었습니다.

그는 가난은 상품에서 오는 것이 아니라 신용에서 오는 것이라고 말하고,

빈민구제를 위한 신용대부협회를 설립하고 더 나아가 농민을 위한 협동조합 은행을 설립합니다.

이것이 바로 현재 독일 케노센샬스 방크와, 오스트리아의 망할래야 망할 수 없는 은행이라는 라이파이젠 은행과 네덜란드의 라보뱅크의 시초입니다.

독일 Genossenshalsbarken

독일 : 1,021개 은행 (점포 23,499개), 총자산 8,177억 유로(약 1,068조원)

오스트리아 : 총점포 2,722개, 총자산 1,384억 유로 (약 184조원)

그 외에도 해외 협동조합의 사례는 많습니다.

대표적인 바르셀로나 축구팀은 지역민들이 공동 소

유하는 클럽입니다.

단지 하나의 클럽이 아니라 영혼을 가진 클럽이라는 이유이기도 합니다.

스위스의 미그로 협동조합으로 전체인구 7백만명중 2백만명의 조합원입니다. 조합원의 생활을 평화롭게라는 이념으로 저렴하고 생필품을 공급하는 회사입니다.

또 한 가지 이 협동조합의 목표는 근로자를 최대한 많이 고용하는 것이지요.

안정적인 직장을 조합원들에게 공급하는 것이 또 다른 목표입니다.

현재 직원이 8만3천명입니다.

120년의 역사를 가진 미국의 선키스트 협동조합입니다.

생산자들이 만든 조합입니다.

중간자들의 폭리로

생산자가 전체 상품의 가격의 10-20%로만 가져가고 나머지는 유통회사와 중간자들이 모두 가져가는 구조를 해체하기 위해 직접 생산자들이 만든 조합입니다. 그리고 이미 세계적

인 조합이 되었지요.

한국은 조합의 역사는 다음과 같습니다.

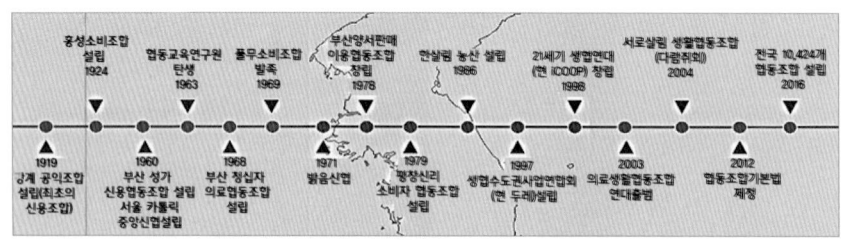

일제 시대에 일본의 폭정으로 농민들의 이익을 지키기 위해 협동조합이 시작되었습니다.

그러다가 2012년 이명박 대통령 시절 협동조합법이라는 것이 만들어 졌습니다.

그런데 아주 그 탄생의 배경이 재미 있습니다.

당시 배추파동이 발생해서 배추 한포기에 13,000원을 넘어갔지요.

그런데 한 지역에서는 배추의 가격이 3천원정도로 판매하며, 그 질도 아주 좋았다고 하지요.

알아보니 농민들이 협동조합을 만들어 일종의 선물거래를 하고 있었지요.

1년전에 소비자들이 농민들에게 배추값을 선도 매입하고 생산되면 미리 정한 가격에 사가는 조합을 결성한 것이지요.

그래서 본격적으로 조합을 활성화하기 위해 조합법을 제정하여 육성합니다.

한살림 등 우리나라에는 괄목한 협동조합들이 설립되어서 활동을 하고 있습니다.

협동조합의 유형

① 소비자 협동조합: 조합원의 소비생활 향상을 위한 물품의 공동구매 또는 서비스 공동이용
② 사업자 협동조합(생산자 협동조합): 사업자 수익창출을 위한 공동구매/공동자재구매/공동브랜드 등
③ 다중이해관계자 협동조합: 다양한 이해관계자의 복리증진에 기여
④ 직원 협동조합: 직원이 직접 조합을 소유/관리/일자리 마련 등
⑤ 사회적 협동조합: 사회적 목적 실현/비영리법인/다중이해관계자로 구성
⑥ 의료복지사회적 협동조합: 의료의 공공성 실현/비영리법인/조합원 500명 이상/출자금 1억이상

그 중에 제가 나름 의미가 있다고 생각되는 협동조합을 소개합니다.

카페모아입니다.

지능 장애인의 부모들

이 발기인이 되어 만든 협동조합입니다.

　정신장애인, 장애인들의 부모들이 장애인을 수혜자가 아닌 자발적인 주체로 만들기 위해 만든 카페이지요.
　카페라는 것이 복잡한 일을 해야 하는 것이 아니기에 자녀들이 교육을 받고 서비스를 제공해서 자체적인 수익을 올리기 위한 프랜차이즈를 하는 것이지요.

　제가 보기에는 대표적인 협동조합의 사례로 보입니다.

100.

마이크로 파이낸스

한국의 금융인들은 마이크로 크레딧에 대하여 낯설어 하더군요.

지난번 강의록에서 방글라데시의 그라민 은행으로부터 시작된 마이크로 크레딧에서 소개를 한 적이 있습니다.

금융업의 역사

고대 함무라비 법전에서는 고리대금업자의 존재를 인정했습니다. 그러나 그리스나, 로마에서는 사채업자를 비난했습니다. 이자 그 자체도 부정적이었습니다. 이슬람 코란 역시 이자에 대해서는 죄악시 했지요. 반면에 구약성서는 애매한 태도를 신약에서는 아예 다루지를 않았습니다. 중세에는 유대인만을 예외로 하고 대체로 부정적인 태도를 취했고, 힌두교 경전에서는 신분에 따라 이자를 달리하는 제도를 취했지요. 예를 들어 브라만에게는 금리 2%, 상인에게는 60%의 금리를 부과하라는 가르침이 있습니다.

이렇게 대부분 역사적으로 고리 대금업 또는 이자에 대해서 부정적인 태도를 취한 이유는 화폐를 교환의 수단으로 보았지 자산의 형태로 보지 않았기 때문이지요.

그런데 본격적으로 대부업이 시작된 것은 16세기 영국에서 금세공업자로부터 시작되었습니다. 지금의 은행의 시작이었지요. 금이 화폐이던 시절 금세공업자에게 금을 맡기고, 금 보관증을 받아서 이를 유통시키기 시작하면서 대부업, 금융이 시작되었습니다.

오늘날의 금융(金融)이라는 말의 뜻이 금 또는 화폐의 유통이라는 말입니다.

기존 금융의 문제점

금융업의 문제점은 역선택과 도덕적 해이의 두 가지가 존재합니다.

역선택이란 은행이 대출자에 대한 충분한 정보를 보유하지 못해서 모든 대출자에게 일률적인 이자를 평균보다 높게 적용하게 되어 상대적으로 상환에 안정적인 고객이 이탈하고 채무 불이행의 가능성이 높은 고객이 다수를 이루게 되는 상황을 말합니다.

도덕적 해이란, 금융업이 파산하는 경우, 국가가 파산을 막아주다 보니 은행도 고객도 상환 계획이나 방법에 대해 철저한 대책을 강구하지 않는 다는 것이었습니다. 즉, 은행이 고객의 자금 사용계획이 성공하도록 철저한 관리를 하지 못하다 보니 고객들이 어렵지 않게 은행의 돈을 떼어 먹는 사례가 발생하는 것이지요.

이와 같은 문제점을 해결하고자 신용등급이라는 것을 만들어 고객의 신용등급을 1-10등급으로 나누어 등급에 따라 대출자격과 이자율을 차등하는 방법을 사용했지요.

또한 은행이 전문적인 지식과 인력이 부족하다 보니, 대출 후 사후관리 능력이 없어 담보를 요구하게 됩니다.

이렇게 신용등급과 담보가 저소득층에게는 금융을 이용하기 어려운 상태로 만들어 버렸습니다.

그래서 저소득층은 고리대금업자인 사채시장으로 몰려가게 되고, 빈곤의 악순환에서 탈피하지 못하게 되는 현상이 발생한 것입니다.

그라민은행의 탄생과 대출 기법

위와 같은 이유로 특히 농촌 지역의 저소득 빈민층은 가난함을 면하지 못했습니다. 그라민 은행은 그래서 농촌 지역의 극빈층 여성을 상대로 대출을 시행하며, 저금리, 무담보 대출을 하였지요.

그리고 사후관리를 위해 5명이 짝을 지어 대출을 시행하고 스스로 사후관리를 하게 하였습니다.

① 신용등급으로 대출자들을 차별화하는 것이 아니라, 저소득 여성을 상대로 누구나 대출을 받을 수 있게 하고,

② 도덕적 해이를 방지하고 상환을 높이기 위해 사후관리를 철저히 합니다.

그라민 은행이 여성을 선택한 이유는 여성들은 저축률이 높고 남자들보다 계획적인 자금 집행을 한다는 사실에 기초를 둔 것입니다.

또한 다섯명의 집단대출은 처음에는 두 명에게 대출을 하고 일정기간이 두 사람이 원금과 이자를 원활히 상환하면 다시 두 명에게 추가로 대출을 해주고, 마지막으로 한 명을 네 명에게서 추천 받아 대출을 실행합니다. 그리고 은행직원이 정기적으로 이들 다섯명과 모임을 가지고 자금 계획, 상환, 투자 계획 등을 관리하고 지원하지요.

구체적인 프로세스는 다음과 같습니다.

① 저소득층 여자들 만을 대상으로 (women only policy)

여성은 남성에 비해 지출을 신중하게 행하며 위험한 사업에도 덜 나서는 경향이 있고, 가족의 건강이나 교육과 관련한 지출에는 적극적으로 나서 장기적으로 효율적인 관리가 가능함.

② 분할상환기법(frequent repayment schedules)

고객들로 하여금 규칙적으로 저축하는 습관을 형성시키고, 목돈을 갚아야 한다는 심리적 부담감을 덜어주며 원리금 상환이 축적됨에 따라 심리적 자신감과 자긍심을 고취시킵니다.

③ 집단대출 (group lending method)

동료가 대출을 상환하지 않으면 아예 대출금을 회수하거나 추가 대출이 안되므로 집단의 구성이 대출금을 원활히 상환하도록 서로 도움을 주게 되고, 위험이 발생하는 지를 집단에서 스스로 관리하는 기능이 발생합니다.

④ 누진 대출 프로그램 (progressive lending program)

은행이 별도의 비용을 지불하지 않고 상환율을 높이기 위해 한해 동안 성공적으로 원리금을 상환하면, 다음에 더 많은 대출을 받을 수 있게 하고 금리도 낮추어주어 고객들에게 충분한 인센티브를 제시하는 제도입니다.

결국 현재의 은행이 일률적인 부정확한 정보로 고객을 선별하며, 대출 후 사후관리를 못하는 것을 집단대출기법을 이용하여 고객들 스스로 관리하게 하며, 이를 통해 상환율을 높이는 전략인 것이지요.

그라민 은행의 대출 목적은 고객이 스스로 자립할 수 있게 돕겠다는 것이 목표이기에 이자를 받아 수익만을 올리겠다는 기존의 금융과는 많은 차이가 있는 것입니다.

마이크로 크레딧과 마이크로 파이낸스의 차이

마이크로 크레딧이란 말 그대로 저소득 낮은 신용등급자에게 무담보로 대출을 하는 것을 말하지만 마이크로 파이낸스라는 것은 포괄적인 개념으로 단순한 대출만이 아닌, 예금, 송금, 투자 등을 포함하는 의미입니다.

실제로 그라민 은행은 위해서 언급한 분할상환기법을 도입하기 위해 고객의 예금을 예치합니다.

그리고 고객의 자립을 위해 다양한 사업에 투자도 하지요.

예를 들어 그라민 텔레콤이 있습니다.

농촌사회에서 정보 소통의 부재로 인해 발전이 낙후된 것을 해결하기 위해 노르웨이의 텔레노르와 합작해서 1997년에 통신회사를 설립했습니다.

방글라데시는 통신이 낙후되어 통신선로가 깔려 있지 않아서 통신이 거의 두절된 상태였지요. 이에 무선 통신망을 깔고 대출을 받은 고객들에게 대출금으로 휴대전화(그라민폰)을 사게 했습니다. 그리고는 이 핸드폰을 마을 사람들에게 빌려주고 사용료를 받게 하였지요.

마을 사람들은 휴대전화를 통해 자신이 만든 농작물이나 수제품을 사줄 고객들과 직접 접속해 매출액을 늘릴 수 있었고, 텔레폰레이디는 휴대전화 임대사업으로 확실한 현금흐름과 수입원을 확보해서 좋았고, 이를 통해 그라민은행은 농촌 지역의 발전과 원금상환율을 높이는 두 가지 목표를 달성할 수 있었지요.

이렇게 신규사업에 투자하게 되면서 고객들을 위해 단순히 대출만 하는 마이크로 크레딧은 투자까지 하게 되는 마이크로 파이낸스로 발전하게 됩니다.

그라민 은행을 보고 있으면 금융의 역할이 무엇이고 왜 존재해야 하는지가 명확해 지는 것 같습니다.

금융의 존재이유는 필요한 사람에게 자금을 대출해주고, 그 자금으로 자립을 성취하게 하여 사회전반의 발전을 도모하는데 그 목표가 있는 것이지요.

그 과정에서 고객들을 어떻게 선별하고 상환율을 높일 수 있는지에 대한 해답을 제시하는 것 같습니다.

오늘날의 금융자본주의는 금융자체가 사업화 되어 이익만을 추구하는 결과는 금융의 본래의 목표와 기능을 많이 왜곡한 결과로 보입니다.